COMMERCE

DES

TOILES BLEUES DITES GUINÉES.

DE

L'INDUSTRIE FRANÇAISE

DE PONDICHÉRY ET DE LA MÉTROPOLE

DANS SES RAPPORTS

AVEC LE SÉNÉGAL, L'ILE DE BOURBON

ET L'ÉTRANGER.

Observations de J.-P. DUCHON-DORIS JUNIOR, de Bordeaux.

PARIS,

IMPRIMERIE DE WITTERSHEIM, 8, RUE MONTMORENCY.

—

DÉCEMBRE 1842.

V

V

COMMERCE

DES TOILES BLEUES,

Dites GUINÉES.

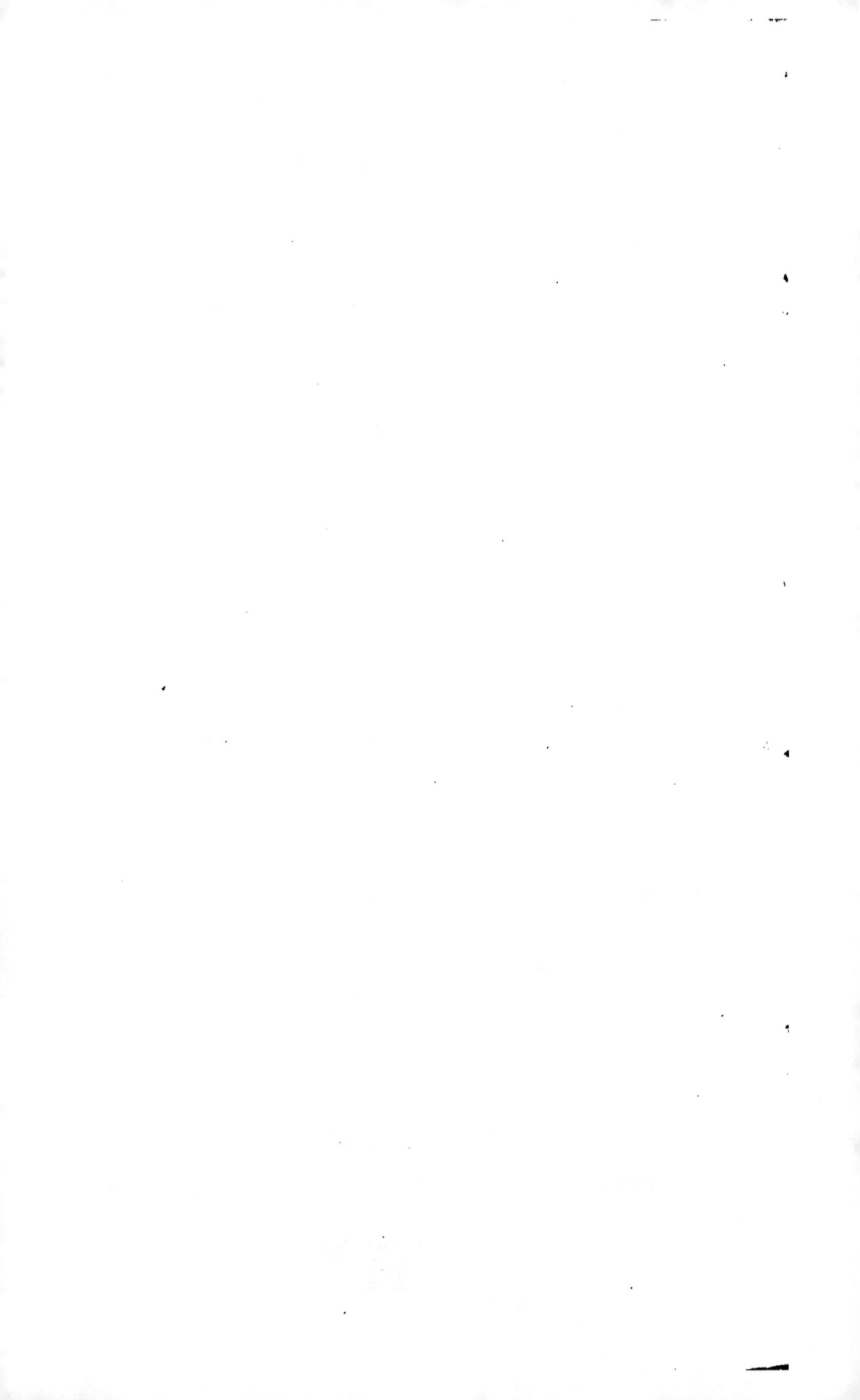

COMMERCE

DES

TOILES BLEUES DITES GUINÉES.

DE,

L'INDUSTRIE FRANÇAISE

DE PONDICHÉRY ET DE LA MÉTROPOLE

DANS SES RAPPORTS

AVEC LE SÉNÉGAL, L'ILE DE BOURBON

ET L'ÉTRANGER.

Observations de J.-P. DUCHON-DORIS JUNIOR, de Bordeaux.

PARIS,

IMPRIMERIE DE WITTERSHEIM, 8, RUE MONTMORENCY.

—

DÉCEMBRE 1842.

1843

PRÉFACE.

La position du commerce des toiles guinées, des fabriques françaises de Pondichéry et de Rouen, attire depuis quelque temps l'attention du gouvernement; nous avons cru nécessaire de présenter au public quelques observations sur un objet que nous croyons d'une grande importance pour l'avenir de notre influence dans l'Inde : nous avons cherché à présenter les faits dans leur plus grande simplicité, afin que le lecteur soit à même de saisir la vérité.

Cette question n'a été traitée jusqu'à présent, en face du public, que par le délégué de Pondichéry, qui, selon nous, défend bien plus l'intérêt anglais que l'intérêt français.

Nous nous déclarons ouvertement pour l'intérêt français de nos colonies et de la métropole.

Avant de porter à la connaissance du public les raisons qui nous poussent à défendre ces intérêts, nous croyons utile de déclarer que M. le délégué a produit dans les brochures qu'il a publiées sur cette question, quantité de faits dont le lecteur sera mis à même de reconnaître l'inexactitude, et dans lesquels cependant il ne craint pas de puiser une grande partie de ses argumentations.

COMMERCE

DES TOILES BLEUES,

Dites GUINÉES (1).

CHAPITRE Ier.

DE PONDICHÉRY.

La France doit à Colbert l'influence qu'elle exerça dans les Indes ; ce fut en 1664 que ce grand ininistre constitua sur de larges bases la compagnie des Indes-Orientales, que le cardinal de Richelieu avait fondée

(1) Ces toiles de coton, originaires de la côte de Coromandel (Inde-Orientale), servent de vêtement à un nombre considérable de populations, tels que les indigènes de Siam, du Pegu, de Sumatra, Java, Borneo, des Philippines, des îles de Bourbon, Maurice, Madagascar, de Saint-Louis du Sénégal, des côtes orientales et occidentales d'Afrique, depuis la mer Rouge jusqu'à l'empire de Maroc, d'Algérie et des États barbaresques, du Brésil, de la côte Ferme, des Antilles, du Mexique et des États-Unis, etc.

L'appellation de *guinées*, que l'on a donnée à ces toiles, prend son origine de la Guinée (côte occidentale d'Afrique). Ces toiles sont en grande partie teintes fortement en bleu par l'indigo, et servent d'échange au Sénégal pour le commerce de la gomme, de l'or, etc.; et dans celui de la troque sur le littoral d'Afrique pour les cires, les huiles de palme, les cuirs, les dents d'éléphant, etc. Ces toiles comprennent quatre variétés principales sous le nom de Conen 1642, à la suite des efforts de la France depuis 1503 pour s'établir et se fixer dans ces riches contrées.

Pondichéry, ayant été acheté d'un souverain du pays, devint bientôt par sa belle position le chef-lieu de nos possessions et le siége principal des opérations de la Compagnie des Indes-Orientales.

De 1735 à 1754, Pondichéry acquit une haute importance politique et une grande prospérité commerciale sous la sage et intelligente administration des gouverneurs généraux Dumas et Dupleix. Cette colonie obtint même du Grand-Mogol le privilége important de battre monnaie.

La paix d'Aix-la-Chapelle permit à Dupleix d'étendre la domination française dans l'Inde; le pays occupé sur la côte de Coromandel acquit une étendue de 520 kilomètres (130 lieues) de longueur sur 80 kilomètres (20 lieues) de largeur; le revenu net de

jonc, Salem, Oreapaléon et Filature. Pour être de qualité voulue et *de recette*, elles doivent être d'un fort tissu et peser de deux à trois kilog. chaque pièce. Ces toiles ont une longueur de dix-sept mètres, une largeur d'un mètre et quelques centimètres; elles sont fortement apprêtées avec de l'eau de riz, appelée *cange*. Elles se vendent dans l'Inde par courge ou balle de 20 pièces, quelle que soit d'ailleurs l'espèce de pièces: l'aunage se distingue par cal, ou pièce de 2 conjoncs ou de 240 fils chaîne, ayant un aunage de 36 astames; le conjonc est de 120 fils de chaîne, et comme la largeur des toiles demeure généralement fixe, leur finesse est déterminée par le nombre de conjoncs. Les pièces de toile guinée de bonne ou première qualité ont 8 à 9 cals chaque. La valeur de ces toiles était autrefois très-élevée. Elles valaient encore, en 1817, 40 à 45 fr. la pièce; depuis, leur valeur courante est descendue de 15 à 18 francs.

ces possessions était de 18 millions; une armée bien disciplinée les faisait respecter.

Après plusieurs vicissitudes de guerre, souvent fatales à Pondichéry, qui fut pris plusieurs fois, cette ville fut restituée à la France par les traités de 1814 et de 1815, mais réduite aux limites restreintes fixées par les traités de 1765 et surtout de 1783, limites qui, à ces deux époques, avaient été imposées à la France, malgré les glorieux et héroïques efforts de Tippô Sâhib, et les victoires navales du Bailli de Suffren.

La Compagnie, en vertu de concessions obtenues des princes du pays, jouissait du droit d'extraire et de vendre du sel, du monopole de l'opium et de l'exportation du salpêtre.

La convention du 30 août 1787 régla, après des discussions qui duraient depuis le traité de 1783, que l'Angleterre aurait exclusivement la faculté de préparer l'opium, à la condition d'en livrer trois cents caisses par an au prix de fabrication, que l'exportation du salpêtre serait limitée à 18,000 maunds (594,000 kilog.); que l'importation du sel sur le territoire anglais n'excèderait pas 200,000 maunds par an (5,500,000 kilog.) livrables au gouvernement anglais à 120 roupies (308 francs) les 100 maunds (3,750 kilog.).

Ces droits de la France n'ayant pas été rappelés dans l'art. 8 du traité de 1814, le gouvernement anglais prétendit qu'ils étaient périmés, attendu que l'art. 12 de ce traité stipulait seulement « que

» dans les possessions de S. M. britannique dans le
» continent de l'Inde, les sujets de S. M. très-chré-
» tienne jouiraient des mêmes priviléges, facultés et
» protection qui *étaient* ou *seraient accordés* aux na-
» tions les plus favorisées. »

Ce refus du ministère anglais amena la convention
du 7 mars 1815 entre la France et l'Angleterre, d'a-
près laquelle le gouvernement anglais ayant déclaré :

Qu'il ne pouvait plus livrer les trois cents caisses
d'opium au prix de fabrication, attendu qu'il aurait
fallu accorder cette faculté au Danemarck et à la
Hollande, et que la compagnie anglaise aurait en
outre à craindre une contrebande ou des prix infé-
rieurs à celui auquel elle vend ;

Que la Compagnie était intéressée à s'assurer du
produit des salines françaises, en sus de la consommation des établissements français, pour empêcher
l'introduction du sel dans ses possessions, et pour
s'en réserver la vente sans concurrence ;

Il fut réglé : 1° Que la France ne pourrait deman-
der la livraison des trois cents caisses d'opium que
d'après le prix moyen des enchères publiques qui
sont faites chaque année à Calcutta ;

2° Qu'en compensation du privilége exclusif donné
au gouvernement anglais de se réserver à un prix déterminé le sel excédant les besoins des établissements
français dans l'Inde, la compagnie anglaise nous
paierait annuellement à Madras, à compter du 1er octobre 1814, une somme de 4 lacks de roupies (un
million de francs) ;

3° Qu'il nous était accordé d'exporter, comme par le passé, 18,000 maunds de salpêtre au Bengale.

Cette indemnité d'un million est venue chaque année se verser dans la caisse du trésor en France; elle figure au budget de l'État, comme affectée à titre de subvention au service intérieur des colonies d'un revenu insuffisant.

Et pourtant Pondichéry et les établissements français dans l'Inde, dépouillés de la fabrication et du commerce du sel et de l'opium, n'en ont pas moins subvenu chaque année à toutes leurs dépenses (de 900,000 fr. environ), par leurs revenus et les impôts prélevés sur le territoire et la population.

Ainsi ces établissements s'entretiennent par eux-mêmes, soldent les administrations que la France leur envoie et ne coûtent rien à la métropole.

La partie française du territoire de Pondichéry contient maintenant 27,953 hectares; elle est composée d'un grand nombre d'enclavements distincts, épars çà et là dans le territoire anglais. La colonie est divisée en trois districts : Pondichéry, Villenour et Bahour; en quatre-vingt-douze aldées ou villages, d'une population européenne et indienne de 90,000 âmes environ.

La ville de Pondichéry, qui renferme environ 20,000 habitants, est encore le chef-lieu de nos établissements dans l'Inde; cette ville est à trente lieues de Madras, 400 de Calcutta, 1020 lieues de l'île de Bourbon, 4270 lieues de la France; cette dernière distance peut être franchie par mer, en doublant le

Cap de Bonne-Espérance, dans l'espace de quatre-vingt-dix à cent jours, et par terre et Suez en quarante jours environ.

Pondichéry n'a pas de port proprement dit, mais deux rades; dans la grande, les vaisseaux peuvent mouiller par douze à quatorze brasses d'eau dans la la mauvaise saison, à une lieue et demie du rivage.

La rivière de Gingy, quelques cours d'eau, des étangs artificiels et des sources concourent à fournir aux cultivateurs les moyens d'irrigations indispensables pour obtenir quelques produits de ces terres sablonneuses et peu convenables à l'agriculture.

Le commerce avec les divers peuples des Indes et l'industrie manufacturière, ont été de tout temps les principales ressources de la colonie.

CHAPITRE II.

Des Rapports commerciaux de Pondichéry et de la Métropole, avec l'île Bourbon, le Sénégal et l'étranger.

La Compagnie des Indes-Orientales françaises avait seule le privilége du commerce de l'Inde (1); le port de Lorient, en France, possédait les vastes entrepôts de cette Compagnie ; de ce port, les marchandises des Indes passaient dans l'intérieur de la France et fournissaient à sa consommation, à celle de ses colonies, aux établissements en Afrique et à la traite des Nègres.

En 1791, le commerce de l'Inde devint libre ; à la même époque, les premières législations réglèrent que les guinées s'exporteraient directement de Pondichéry pour les îles de France et de Bourbon, pour tous les entrepôts réels de France (2), et de là, à la colonie du Sénégal et à l'étranger, en franchise de droit.

De 1791 à 1814, les circonstances politiques mo-

(1) D'après lettres patentes du 17 janvier 1716, - du 7 septembre 1728, — arrêt des conseils du roi du 16 octobre 1786, art. 17.

(2) On entend par entrepôt réel, de vastes magasins qui existent dans les principales villes de commerce, soit en France soit dans les Colonies, où les marchandises sont mises en dépôt jusqu'à leur introduction, ou leur réexpédition.

difièrent souvent les rapports de Pondichéry avec la France, et de la France avec le Sénégal.

On trouve en effet, dans ce laps de temps, des dispositions législatives qui non-seulement autorisèrent l'introduction des guinées étrangères au Sénégal, mais qui allèrent jusqu'à permettre des relations directes aux Américains et aux Danois par leurs navires (1).

Sous l'Empire, pour développer de plus en plus l'industrie des tissus de coton, ceux de tous pays furent prohibés en France et dans les colonies, à l'exception des toiles de guinées de l'Inde.

Lors de la remise du Sénégal en 1817, il fallut, vu la perte de l'industrie dans nos possessions de l'Inde, et le manque de fabrication en France, accorder à toutes les guinées venant de l'Inde la faveur d'être expédiées au Sénégal sans payer de droits ;

Mais les toiles et autres tissus continuèrent à n'être reçus que dans les ports ayant un entrepôt réel, à la charge de réexportation pour tous pays.

Les toiles guinées, destinées à la troque sur la côte d'Afrique et dans la Gambie, sont admises à l'entrepôt réel de Gorée, soit directement, soit par l'entremise de la métropole.

Les navires français allant au Sénégal peuvent garder à bord les guinées ou objets de troque destinés à la côte d'Afrique, et dans ce cas ils sont considérés comme entrepôts flottants.

(1) Lois du 15 mars 1791, art. 9.—6 juillet 1791, art. 19 et 20,—du 19 mai 1793,—10 brumaire an v, art. 15. — Arrêté du 8 floréal ans viii et x.

La loi du 17 mai 1826, restreignit la faveur accordée à toutes les guinées d'aller au Sénégal sans payer de droits, aux importations directes de l'Inde par navire français, et elle frappa d'un droit différentiel (1) les guinées étrangères importées de tous lieux par navire étranger, et même par notre marine marchande venant des pays en deçà du Cap de Bonne-Espérance (2).

La même loi du 17 mai 1826, abolit les priviléges dont jouissaient à leur entrée en France les marchandises venant directement des établissements français, faveurs accordées par les lois de 1818 et 1822.

Lors de la remise de Pondichéry en 1816, il lui fut conservé la faculté d'expédier sur Bourbon directement, par navires français, les toiles guinées pour la consommation de cette colonie, et utiles à ses rapports commerciaux avec Madagascar et la côte orientale d'Afrique.

En 1826, le gouvernement crut bien faire dans l'intérêt de l'industrie de la métropole, en prohibant à Bourbon tous les tissus de Pondichéry, et en y recevant par exception les guinées, sous un droit de 20 p. 100, lorsqu'elles proviendraient des fabriques des établissements français dans l'Inde, et de 30 p. 100

(1) Lorsque, par un motif quelconque, on établit sur la même marchandise divers droits, tels que de 10 p. 100 et 25 p. 100, la différence de 15 qui existe entre ces deux droits constitue le taux du droit différentiel.

(2) Soit le Brésil, l'Amérique, etc., pays hors d'Europe, soit Londres, Amsterdam, Gibraltar, pays d'Europe.

lorsqu'elles viendraient des fabriques étrangères.

Pondichéry, enclavé dans le territoire anglais, ne peut en recevoir par terre aucune marchandise ou produits sans payer des droits de 10 à 16 p. 100; il ne peut aussi rien importer dans les possessions anglaises, par terre ou par mer, sans payer 16 p. 100 de droit (1).

Ainsi, et relativement à l'industrie cotonnière de Pondichéry, dans l'état actuel des choses, les toiles fabriquées sur le sol français sont repoussées des marchés étrangers, ou n'y sont admises qu'à de forts droits comme tissus français; et ces même tissus ne sont admis dans les marchés français qu'avec des restrictions. C'est-à-dire: Qu'ils ne sont pas admis du tout dans la métropole, si ce n'est en entrepôt pour la réexportation;

Qu'ils ne sont admis dans la colonie de Bourbon qu'au droit presque prohibitif de 20 p. 100;

Et qu'ils ne sont admis au Sénégal qu'assimilés aux produits étrangers.

Il en résulte qu'à quelques pas de Pondichéry, l'industrie cotonnière anglaise a pour elle, non-seulement les vastes marchés anglais qu'elle approvisionne à elle seule, mais encore les mêmes marchés que nous, où elle a créé une concurrence telle,

---

(1) Ce droit de 16 p. 100 a été établi en 1819 par la Compagnie des Indes pour paralyser les effets de la loi de 1818, empêcher ainsi le cabotage français d'Inde en Inde qui eût formé des dépôts de marchandises dans les établissements favorisés par cette loi.

par des produits qu'elle fabrique à meilleur marché (1), que l'industrie cotonnière de Pondichéry devra être complètement anéantie.

Avant 1838, les deux industries avaient pu vivre avec les immenses débouchés qu'elles trouvaient dans les colonies hollandaises des îles de la Sonde : la prohibition qui les repoussa de ces îles, à cette époque, causa un trop plein, mais un trop plein de guinées anglaises, qui déjà perdaient en partie le marché de leurs colonies émancipées.

C'est ce trop plein qui a été versé dans nos entrepôts de Bourbon, de France et du Sénégal, où il a porté le désordre et la ruine.

Avant ces perturbations, les négociants de Bourbon et des ports de France, demandaient aux maisons françaises de Pondichéry les guinées nécessaires à la consommation de Bourbon, à son exportation, et aux besoins du commerce de France pour le Sénégal et l'étranger.

Les commissionnaires de Pondichéry les contractaient en partie avec les Malabares du territoire anglais qui venaient les teindre à Pondichéry ; ces guinées, dites de contrat ou de choix, étaient régulières dans les dimensions et qualités voulues, et donnaient lieu à des affaires lucratives et suivies pour toutes parties.

---

(1) Monsieur le délégué de Pondichéry prétend, dans sa brochure intitulée *Droits différentiels*, page 21, que les Indo-Anglais fabriquent à 40 p. 100 meilleur marché. Nous croyons ce chiffre exagéré.

Mais du moment que l'imprudence des commissionnaires de Pondichéry eut enseigné aux Malabares anglais la route de l'île Bourbon et de la France par des consignations auxquelles ils furent excités, tout fut bouleversé.

Les Indo-Anglais, initiés dans ce commerce et ses débouchés, envoyèrent des Malabares de leur caste à Bourbon et à Maurice, qui reçoivent et vendent les guinées sans l'intermédiaire des maisons de Pondichéry et de ces colonies : nul doute que, si l'état des choses continue, ils n'en fassent établir au Sénégal, où la communauté de religion musulmane avec les Maures fanatiques, leur assurera une préférence sur le commerce français et pourra compromettre l'avenir de cette colonie.

§ Ier.

COMMERCE DU SÉNÉGAL.

Les toiles guinées sont indispensables comme moyen d'échange dans le commerce de troque que Saint-Louis du Sénégal fait avec les divers peuples du littoral d'Afrique, et avec l'établissement français d'Albreda sur la Gambie.

Dans la Sénégambie, elles sont, on peut le dire, la monnaie du pays ; elles forment la base de la traite d'échange avec les diverses tribus maures, ou plutôt arabes, de la rive droite du fleuve le Sénégal, qui les reçoivent en paiement des gommes et autres denrées que ces tribus livrent aux traitants français de la colonie de Saint-Louis du Sénégal (1).

La traite de la gomme se fait à des époques déterminées de l'année à des escales (2) différentes, près desquelles descendent, du grand désert de Sahara, les trois principales nations qui, maîtresses des forêts qui fournissent la gomme, viennent profiter des fertiles pâturages, et trafiquer sur les bords du fleuve pendant la retraite des eaux (3).

La traite de la gomme se fait encore dans le pays de Galam, au comptoir français de Bakel, dans le haut Sénégal, à 200 lieues de Saint-Louis, sur les bords du fleuve où les Maures Dowiches portent leur gomme.

Les toiles guinées servent aussi de moyen d'échange et de paiement avec les diverses peuplades des Nègres de la rive gauche, dans les trocs pour la cire, les cuirs etc., et surtout le mil et le riz, qui sont

(1) Cette ville, bâtie sur une île dans le Sénégal, est à quatre lieues de l'embouchure de ce fleuve sur l'Océan.

(2) Au Sénégal on appelle *escales* les lieux où les Maures viennent apporter leurs gommes, et les échangent avec les traitants, soit sous leurs tentes à terre, soit à bord des embarcations de Saint-Louis, mouillées dans le fleuve. Il y a trois escales : 1º Celle des Darmankous, tribu religieuse de la nation des Trazas, à vingt-cinq lieues de Saint-Louis, propriétaire de la forêt d'El-Hebiar ; 2º l'escale des Trazas et de leurs quarante-neuf tribus, à quinze lieues plus haut, propriétaires de la forêt de Sahel ; 3º l'escale du Cocq, ou celle de la nation des Bracknas et de ses trente tribus, à cinquante-sept lieues au-dessus de Saint-Louis, propriétaire de la forêt d'El-Falack.

(3) L'époque périodique des pluies arrive au mois de juin ; la crue du fleuve commence en juillet : elle déborde sur toutes les plaines en août et septembre de 3 à 15 mètres ; les eaux se retirent en octobre et novembre.

les premiers moyens d'échange avec les Maures (1). Ce trafic a lieu dans la traite d'ouverture appelée petite traite, qui commence quelquefois en janvier; la grande traite se commence en avril, et finit du 1er au 15 août.

Les Maures Tichites descendent chaque année des montagnes du haut Sénégal, et viennent isolément par le fleuve échanger à Saint-Louis l'or qu'ils apportent contre la guinée, des armes, de la verroterie, de l'ambre et du corail. Alors que les prix permettaient la fabrication des guinées à Rouen, ce sont ces guinées que ces Maures préféraient en assortiment avec les autres tissus français.

Les toiles guinées avaient autrefois un grand prix; elles ont valu à la remise du Sénégal, en 1817, en achetant en Angleterre celles nécessaires à la traite, de 40 à 45 fr.; les premiers arrivages de l'Inde en France les firent fléchir à 35 et à 30 fr. jusqu'en 1822; de 1823 à 1826, elles valurent de 25 à 28 fr.; elles descendirent de 15 à 18, de 1827 à 1830. La crainte de guerre les fit tomber de 12 à 15 fr. en 1831;

(1) Les tribus maures mènent la vie nomade du désert; leurs besoins sont restreints; elles ne se livrent à aucun genre d'industrie ou de culture; le lait de leurs troupeaux et la viande fraîche ou séchée est leur nourriture, avec le mil et le riz qu'elles échangent sur les bords du fleuve, pour leur provision de l'année, et pour nourrir les esclaves qui recueillent la gomme dans les forêts sur la lisière du désert. Leur bétail et la gomme forment leur richesse. Ces tribus sont turbulentes; elles sont divisées en quatre classes : les princes ou cheiks, les tribus guerrières non tributaires, les tribus guerrières tributaires, les tribus religieuses. Ces dernières font le commerce de la gomme.

mais elles remontèrent bien vite de 15 à 18, prix qui se maintinrent jusqu'en 1838, et ne descendirent après, que par l'encombrement du marché, la concurrence dans le fleuve, qui amenèrent les prix désastreux de 8 à 11 fr. la pièce.

Les quantités de toiles guinées expédiées au Sénégal varient de 50 à 87,000 pièces par an, de 1832 à 1836; de 138,000 en 1837 et 1839, de 240,000 en 1838; pour revenir à 109,000 en 1840, et 96,000 pièces en 1841.

Ainsi, de 1832 à 1841, la période de dix années présente 1,094,420 pièces d'une valeur de 16,416,630 fr., en prenant pour base le prix de 15 fr. par pièce (1): ce qui donne une moyenne de 109,442 pièces par an.

Toutefois, il faut remarquer qu'il restait au Sénégal, à la fin du mois d'août, 120,000 pièces environ, la traite de 1842 terminée.

La valeur moyenne des opérations de guinées au Sénégal, s'élève à près de 2 millions de francs par an.

Les gommes du Sénégal sont employées en Europe à une multitude d'usages, particulièrement à des apprêts pour divers tissus. L'Angleterre offre un débouché considérable pour ce produit. Pour le faciliter, l'exportation directe par navire français du Sénégal à l'étranger est permise depuis 1832.

La quantité de gomme exportée du Sénégal pen-

(1) D'après le rapport de M. Gautier, président de la Commission de la traite de la gomme.

dant les dix années de 1832 à 1841, a été de 23,240,000 kilogrammes, représentant, à 1 fr. 40 c. le kilog., une valeur de 32,536,600 fr.

Les échanges ou paiements de la guinée contre la gomme, sont, comme tant d'autres commerces, sujets à des variations, suivant la quotité des récoltes, l'abondance ou la rareté des guinées, et leur valeur.

C'est ainsi qu'autrefois on a pu obtenir des Maures 50 et jusqu'à 100 kilogrammes de gomme par pièce, quelquefois même au-delà.

Après la remise du Sénégal, en 1817, on obtint encore de 50 à 100 kilog. jusqu'en 1819, 35 à 45 kilog. de 1820 à 1825, 30 à 35 kilog. de 1826 à 1830, 22 à 30 kilog. de 1832 à 1838, et seulement de 20 à 10 kilog. de 1839 à 1841.

A ces dernières époques, les consignations au Sénégal, l'abondance des guinées et la concurrence aux escales dans le fleuve, firent livrer deux fois plus de guinées pour la même quantité de gomme que le Maure avait à échanger, et sans espoir d'en obtenir une boule de plus.

Ces échanges désastreux ont eu pour résultat de ruiner les traitants, de bouleverser la situation du Sénégal, et d'attirer l'attention du gouvernement.

Sans aucun doute le commerce du Sénégal prendra, surtout, avec la côte d'Afrique, une nouvelle extension vu les nombreux moyens d'échange de ces contrées (1).

_____

(1) Parmi ces denrées, on doit remarquer les arachides ou pis-

Mais quant aux produits des gommiers des déserts de sable de la rive droite du fleuve, les récoltes de 1783 et des années précédentes comparées à celles des dernières années, à l'exception de quelques ré-coltes plus grandes, amenées par les influences du climat, laissent peu d'espérance d'augmentation dans le bas du fleuve.

Quant à la rive gauche, la qualité des gommes n'est plus la même, les conditions de formation et de pureté n'existent pas (1); on peut assurer que cette rive ne fournit que peu ou point de gommes, et seulement des cuirs, de la cire, du morphil, des arachides, du riz et du mil.

Les toiles guinées, destinées au commerce du littoral d'Afrique et de la rivière de Gambie, sont reçues en entrepôt à Gorée, ou dans l'entrepôt flottant du Sénégal.

Les toiles destinées au commerce du Sénégal ne peuvent y être admises, ainsi qu'il est dit ci-dessus,

taches dont on importe en France des cargaisons nombreuses, pour en extraire des huiles qui sont très-estimées, et dont l'emploi assuré accroîtra rapidement ce commerce.

(1) La production de la gomme est amenée par des vents d'est, secs, violents et brûlants, qui viennent du grand désert. A l'inverse des autres productions, elle est d'autant plus abondante, que le vent d'est a plus de force et de durée pour faire fendre l'écorce du gommier, arbuste de l'espèce des acacias, en faire écouler la sève, la dessécher à l'instant. Ces circonstances ne se produisent qu'au retour de la végétation. C'est donc à des causes climatériques et locales, appartenant au grand désert du Sahara qu'est due la formation et la récolte des gommes connues sous le nom de gommes du Sénégal.

qu'en venant directement par navire français des
ports de France qui ont un entrepôt réel.

§ II.

COMMERCE DE L'ILE BOURBON.

Nous avons déjà dit qu'avant la création de l'industrie des tissus en France, Pondichéry fournissait
à Bourbon les guinées nécessaires à ses besoins ;
que, sous l'empire, la prohibition des tissus de coton dans les colonies en excepta celui des guinées
de l'Inde et quelques autres articles ;

La restauration continua cet état de choses jusqu'en 1826, époque où elle crut, dans l'intérêt des
industries de la Métropole, devoir prohiber les tissus
de Pondichéry et les autres produits de ses fabriques, à l'exception encore des toiles guinées qui furent frappées cependant du droit élevé et presque
prohibitif de 20 p. 100 sur celles des fabriques françaises dans l'Inde, et de 30 p. 100 sur celles des fabriques étrangères, venant par navire français.

Mais l'expérience a fait reconnaître depuis, que les
toiles de coton de l'Inde, destinées principalement
à l'habillement des noirs, sont un objet de première nécessité à Bourbon, qu'aucun tissu de la métropole ne peut les remplacer pour la durée et fixité
de couleur.

Aussi le département de la marine et des colonies

a-t-il reconnu (1) qu'il y avait lieu de lever cette prohibition et d'autoriser de nouveau l'admission à
Bourbon sous le paiément de droits modérés, en premier lieu des toiles de coton des *fabriques des établissements français* de l'Inde, à l'exclusion des autres provenances, et aussi du savon, de la bougie, des
meubles, des chaussures et des jouets d'enfants, que
les Français de Pondichéry fabriquent avec intelli-
gence, à très-bas prix, d'un usage convenable au
climat. Il a été reconnu que cette admission pouvait avoir lieu sans nuire aux intérêts commerciaux
et industriels du royaume; tandis que les prohibi-
tions et le droit de 20 p. 100 sur les guinées, étaient au
nombre des causes de la détresse de Pondichéry (2).

A cette occasion, nous devons faire remarquer
que pendant que nous imposons à l'île Bourbon
30 p. 100 sur les guinées des Indo-Anglais, et 20
p. 100 sur les guinées françaises de Pondichéry, les
Anglais reçoivent par navire anglais à Maurice, île
voisine, et pour sa consommation, les guinées françaises de Pondichéry, et, parmi celles-ci. les guinées
filatures, sous un droit modéré de 6 p. 100.

Nous avons vu aussi que la France avait accordé
un entrepôt réel à Bourbon pour y recevoir les guinées. De cet entrepôt elles se dirigent sur Madagascar : là elles sont employées à notre établissement de Sainte-Marie dans cette île, pour le commerce que nous y faisons, quoique moins important

(1) *Statistiques des Colonies*, publiées par le ministère de la marine et des colonies, tome III, page 105. (2) *Ibidem.*, page 106.

que celui que nous pourrions y faire (1). Elles vont aussi sur la côte orientale d'Afrique, pour les échanges contre les divers produits de ce continent.

Ces emplois des guinées de l'Inde augmentent tous les ans : il y a donc convenance à recevoir dans les entrepôts de Bourbon, non-seulement les guinées françaises de Pondichéry, mais encore les guinées du territoire anglais, pour l'exploitation étrangère, afin de lutter en partie avec les Anglais et les Américains, nos concurrents dans ces localités.

§ III.

COMMERCE ET INDUSTRIE DE PONDICHÉRY.

A l'époque de la prospérité de Pondichéry, les industries de filage à la main, tissage et teinturerie, avaient une grande importance dans cet établissement; ses tissus de coton, remarquables par leurs belles teintures, se débitaient, dans toutes les parties du monde, et principalement par l'intermédiaire de la compagnie Orientale, dans l'Amérique, la France et ses colonies.

De ces industries, celle de la teinturerie en bleu par

(1) L'île de Madagascar produit abondemment du riz (dont Bourbon tire plusieurs cargaisons pour son alimentation), des cuirs, des gommes copales, de la cire, du gérofle, etc. Le port et la rade de Sainte-Marie, sont susceptibles de devenir un point militaire de premier rang; ils seraient encore un refuge pour nos navires, et un marché important pour notre commerce par le cabotage avec les autres ports de l'île, et ceux de la côte orientale d'Afrique.

indigo, des toiles de coton, dites guinées, est presque la seule qui ait continué à donner des ressources au pays.

Le tissage de ces toiles, avec du coton filé à la main dans le pays, s'était presque entièrement transporté dans les districts soumis à la domination anglaise (1), où plus de protection, plus de débouchés favorisés, des impôts moins lourds, offraient au tisserand indien qui travaille en plein air, et peut facilement transporter sa case de bambou, des moyens de vivre à meilleur marché (2), et de placer ses produits.

Le principal débouché des toiles guinées de Pondichéry est dans la colonie du Sénégal et dans la colonie de Bourbon. Les autres colonies françaises sont injustement fermées à ses produits.

Les entrepôts réels de France, de Bourbon, du Sénégal, facilitent la réexportation pour tous pays étrangers.

Pondichéry conserve encore quelques relations directes avec les nations européennes et avec les peuples des Indes. Mais, depuis 1838 il a perdu, ainsi que nous l'avons vu, les grands débouchés qu'il possédait de temps immémorial dans les îles de la Sonde,

---

(1) Là d'ailleurs, l'introduction en masse des cotons filés en Angleterre dans les hauts numéros a remplacé le filage à la main, et porté les Malabares sur le fil propre aux guinées, fil que l'Angleterre ne peut envoyer à cause du bas prix relativement au poids.

(2) A Pondichéry, le sel, le tabac, le betel, la pêche, mis en ferme et fortement imposés, et les redevances domaniales, rendent la vie plus chère que dans les provinces anglaises.

et cela par les mesures de prohibition qu'a prises la Hollande, en réponse à la réduction d'un cinquième sur les produits apportés par notre navigation de ces îles directement en France, réduction qui ne fut pas étendue à Pondichéry, aussi éloigné de France cependant.

La population de Pondichéry est intelligente, apte à l'industrie manufacturière et au commerce. Ses fabriques de savon, de bougie, de meubles, de jouets d'enfants, des tissus de coton divers en outre des guinées, tels que mouchoirs de Madras, Gingas, fortes toiles rayées en bleu, etc, sont remarquables et méritent encouragement. Les fruits abondants du cocotier, récoltés à Pondichéry, ceux que l'on pourra se procurer à bon marché dans le territoire indo-anglais, donneront à ses huileries une grande extension, du fret aux navires français et des ressources à la métropole, si, comme on a lieu de l'espérer, on accorde aux huiles de coco venues directement de Pondichéry en France, une réduction de droit égale à celle qu'obtient ce produit importé de la côte d'Afrique. Mais cette réduction du droit sur les huiles de coco, à 4 fr. les 100 kilog., ne doit être accordée qu'aux huiles provenant des huileries de Pondichéry, et non à celles des huileries anglaises venant des possessions anglo-indiennes ou passant par les nôtres, ainsi que le réclame, contrairement aux vrais intérêts de ces pays français, M. le délégué des établissements français dans l'Inde.

CHAPITRE III.

De l'initiative du gouvernement français pour rétablir l'industrie à Pondichéry, et améliorer sa situation.

Dès 1816, époque où les Anglais, après quelques délais, remirent Pondichéry, le gouvernement français sentit la nécessité d'améliorer la situation malheureuse de ce pays, résultat des longues guerres qui avaient anéanti le commerce et l'agriculture, à tel point que la population diminuait chaque jour, et allait chercher des moyens d'existence dans les possessions anglaises.

Dans ce but, il fut accordé, aux marchandises importées en France par navires français et venant directement des établissements français dans l'Inde (1), des droits différentiels ou primes d'introduction de 25 à 40 p. 0/0 environ, pour les favoriser relative-

(1) Ces établissements se composent de Pondichéry, Karikal, avec leurs territoires, et de divers comptoirs et loges, qui sont : Yanaon, son territoire et la loge de Mazulipatam, sur la côte d'Orixa ; Mahé, son territoire et la loge de Calicut, sur la côte de Malabar ; Chandernagor, son territoire et les cinq loges de Cassimbazar, Sougdia, Dacca, Balassore et Patna, dans le Bengale ; la Factorerie de Surate, dans le golfe de Cambaie, près du golfe Persique.

ment à celles que nos navires pourraient rapporter des ports étrangers des mêmes contrées (1).

Mais ces avantages, qui eussent été si utiles pour les établissements français, et en particulier pour Pondichéry, pour le rétablissement du commerce d'Inde en Inde (2), une des sources de sa grandeur passée, n'eurent aucun résultat.

Ce commerce d'Inde en Inde avec les indigènes par *cabotage français*, était presque anéanti depuis longtemps ; et celui d'Inde en Inde avec les possessions anglaises devint impossible, à cause des droits de 16 pour 0/0 que la Compagnie anglaise s'empressa d'établir en 1819, sur tout ce qui entre ou qui sort de ses possessions par navires français, allant ou venant dans nos ports de l'Inde, pour paralyser les mesures favorables prises par le gouvernement français, par les lois de 1818 et 1822, qui tendaient à créer des dépôts de denrées et de marchandises dans nos ports, au détriment des leurs si voisins.

Pondichéry, ainsi que nous l'avons déjà dit, devait autrefois sa prospérité à ses industries : ses tissus ri-

(1) Ceci eut lieu par la loi de 1818, expliquée par la circulaire n° 384 de l'administration des douanes sur le commerce français dans l'Inde, et confirmé par la loi du 27 juillet 1822.

(2) Par commerce d'Inde en Inde, on entend le commerce de cabotage qui établit des rapports avec les divers peuples des Indes, qui échangent entre eux les matières premières ou les produits fabriqués. Ce commerce donnait à Pondichéry des relations suivies avec l'Afrique orientale, la mer Rouge, le golfe Persique, le Pégu, Siam, la Cochinchine, la Chine, les Philippines, la Californie et les îles de la Sonde ; il contribuait à former, à Pondichéry, des dépôts de marchan-

valisaient avec les produits anglais, l'emportaient même sur ceux-ci par la teinture.

Mais les malheurs des guerres, et les progrès de l'industrie en Europe, secondés par l'emploi des machines, ne permettaient presque plus à la population de Pondichéry de s'occuper de ces travaux, dans lesquels la main ne peut lutter contre les avantages de la mécanique.

L'Angleterre d'ailleurs avait, à la suite des traités et conventions, frappé d'un droit de 10 p. 0/0 le coton, l'indigo, les matières premières, passant de ces possessions, soit par terre soit par mer, sur le territoire français, dans le but sans doute de conserver dans ses propres domaines les industries qui s'y étaient réfugiées : elle avait en outre créé des primes à la sortie de ses ports.

Frappé de l'état de souffrance qui se prolongeait à Pondichéry, le gouvernement français, en 1827, et sous le ministère de M. de Chabrol, conçut le projet de ramener ce pays à une situation plus heureuse. Pour y parvenir, il voulut y créer ou faire créer des établissements industriels qui pussent donner du travail à ses habitants et de l'activité à son commerce.

M. le vicomte Desbassayns de Richemont, administrateur général des établissements français dans l'Inde, chargé des vues et des projets du gouvernement, donna des encouragements à plusieurs cultures et à plusieurs sortes d'industries (1).

dises utiles aux grands navires comme moyen de chargement entier ou comme complément de chargement.

(1) Ce fut sous l'administration intelligente de M. de Richemont que

Cet habile administrateur dirigea principalement son attention sur l'avantage qu'il y aurait à faire manufacturer d'après le système européen le coton qui croît abondamment dans les Indes.

Grâce à cette initiative et, plus tard, aux encouragements ou avances pécuniaires du gouvernement, aux concessions de terrains, aux immunités accordées, des machines furent commandées en France, transportées aux frais du trésor de la colonie et mises en activité.

Diverses ordonnances, qui confirmèrent ces dispositions, ont été rendues en 1828 (1).

Comme toutes les innovations, ces industries eurent à supporter des mécomptes, des contrariétés imprévues; plusieurs succombèrent. Mais la filature de coton, établie sur une échelle considérable, avec la persévérance et l'habileté d'un filateur et mécanicien de Paris (2), et l'appui de divers intéressés, parvint à triompher de tous les obstacles et surtout de la répulsion des Indiens pour les innovations.

Cette filature est la première qui ait été établie

furent encouragées la culture de la canne à sucre, celle de l'indigo, du coton, la fabrication des mouchoirs de Madras, l'industrie sericole, la récolte des cocos et l'extraction de l'huile de ces fruits.

(1) Ordonnance du 26 février 1828, qui accorde divers encouragements à la filature, au tissage et à la teinture du coton; ordonnance du 25 février 1828, relative aux avances à faire à la culture et aux industries; arrêté relatif à la création d'un établissement pour le tissage du coton à l'européenne, 25 mars 1828.

(2) M. Charlemagne Poulain, de Paris, décoré par le gouvernement en récompense de ses travaux.

dans l'Inde : ses produits ont été admis à l'exposition
de 1834, à Paris; ils ont obtenu une mention hono-
rable ; les toiles fabriquées avec les fils de cet établissement sont déjà recherchées.

En 1832, on ne comptait dans le district de Pondichéry que 190 tisserands, fabriquant 1,300 pièces
par mois; et dès 1835 on en comptait déjà 600, fabriquant 6,300 pièces par mois : le nombre s'est accru
depuis jusqu'à 100,000 pièces par an.

En 1835, les exportations de tissus de coton se sont
élevées à Pondichéry à une valeur de 2,600,000 fr.,
savoir : 2,235,000 fr. en toiles bleues, dites guinées,
90,000 fr. en toiles blanches, 245,000 en autres tissus.

Toutefois, il faut remarquer que, dans ce chiffre
de 2,600,000, les tissus fabriqués à Pondichéry n'entrent que pour un sixième environ, le reste a été tiré
du territoire anglais.

La filature de Pondichéry a eu des imitations et
peut en avoir d'autres encore. Mais dans cette ville
même, ces établissements sont sans rivaux dans les
Indes Orientales; plusieurs établissements similaires,
que les Anglais ont cherché à fonder à Calcutta et
dans d'autres parties de leurs possessions, ont déjà
succombé.

L'industrie française a prouvé, en surmontant tous
les obstacles, qu'elle était loin d'être inférieure à l'industrie étrangère. La filature de Pondichéry est donc
en quelque sorte une des gloires de la France: elle
fait l'admiration des étrangers qui la visitent ; elle est
d'une utilité réelle pour le pays, par l'occupation, la

population, les revenus qu'elle y procure, et l'exemple qu'elle y donne: les divers rapports reçus par le gouvernement le confirment officiellement (1).

§ Ier.

SITUATION DU COMMERCE DES TOILES BLEUES DITES GUINÉES, ET MODIFICATIONS DEMANDÉES.

Nous venons de voir comment l'industrie, rétablie avec le secours des machines à Pondichéry, pouvait donner aliment à plusieurs fabrications, et surtout à celle des toiles de coton dites guinées.

Il faut remarquer que dans le même temps, l'industrie française et principalement celle de la Seine-Inférieure, ont bien réussi à imiter les tissus des Indes, et que même pour les tissus blancs et les tissus de diverses couleurs, l'industrie rouennaise remplace l'industrie indienne, pour les qualités légères, dans la vente au Sénégal, et à Bourbon. Mais ces avantages cessent en partie pour l'industrie de Rouen dans les guinées bleues, à cause de la teinture par l'indigo dont le prix est trop élevé en Europe (2).

Ainsi, nos deux industries nationales, de France et

(1) Voir la *Notice statistique sur les Colonies*, troisième partie publiée par les soins du département de la marine, en 1839.

(2) Dans l'Inde, l'indigo employé est de qualité très-ordinaire et à très-bas prix : 2 à 4 fr. le demi-kilog.

de l'Inde, peuvent marcher ensemble, se compléter, et fournir les fabrications diverses utiles au commerce d'exportation et à la consommation de nos colonies; et cela à des prix très-modérés.

Mais, relativement aux guinées bleues de la côte de Coromandel, les Indo-Anglais ont fait, sur les conseils de quelques maisons de Pondichéry, et par leur entremise, des envois considérables à Bourbon; en France et de là au Sénégal.

Cette concurrence à la vente, sur des points d'une consommation limitée, causa bien vite une perturbation telle que les prix s'avilirent à Bourbon, où le commerce crut bien faire en reversant sur les entrepôts de France.

Mais en France, la dégradation des prix fut plus grande encore; de telle sorte qu'au Sénégal, où presque toutes les toiles furent expédiées, la réaction en baisse fut désastreuse, surtout avec la libre concurrence dans le fleuve.

L'effet a été tel qu'il en est résulté des pertes considérables pour presque tous; que toute commande de guinées de contrat dans l'Inde a cessé; que la fabrication de guinées à Rouen s'est arrêtée; qu'enfin tout commerce rationnel est devenu imsible.

La colonie du Sénégal en a été ébranlée. Les habitants traitants, devenus débiteurs du commerce français pour 3 millions de francs, n'avaient plus devant eux qu'un avenir de ruine et de misère, qui les eût fait émigrer pour échapper aux poursuites de leurs

créanciers, si une association ou compagnie pri-
vilégiée pour 1842 n'eût tout sauvé momentanément.

Dans celte pénible occurrence, l'industrie et le
commerce de la métropole, de l'Inde et du Sénégal
ont renouvelé les sollicitations commencées il y a
deux ans et ont fait appel à la sollicitude du gouvernement.

Ces intérêts français demandent, non pas la prohibition de l'industrie étrangère dont la concurrence
les ruine, mais seulement une modification naturelle,
équitable, dans la législation existante.

Ils la demandent pour donner à nos fabrications
de l'Inde et de Rouen, importées au Sénégal et en
partie à Bourbon, la possibilité de se mesurer à armes
égales avec les produits des manufacturiers indo-
anglais, manufacturiers qui, par leur position, ainsi
que nous l'avons vu, peuvent produire à meilleur
marché.

Nous croyons devoir rappeler plus en détail que
la loi du 17 mai 1826, relative au commerce du
Sénégal avec la France et l'Inde, établissait et prescrit
encore :

1° Que les toiles guinées, soit françaises soit anglaises, directement apportées de l'Inde en France
par nos navires, pour être réexpédiées de la métropole dans nos provinces du Sénégal, ne paient que
5o centimes par 100 kilogrammes, ou 15 centimes
par 100 francs de leur valeur ;

2° Que les guinées, soit anglaises soit françaises,
apportées de tous lieux ou pays par navire étranger

en France, sont soumises à un droit de 5 francs par pièce, pour être réexpédiées au Sénégal;

3° Que les guinées, soit françaises soit étrangères, apportées en France, même par notre marine marchande, sont également soumises à un droit de 5 francs par pièce, lorsqu'elles viennent des pays situés en-deçà du cap de Bonne-Espérance (tels que le Brésil, les États-Unis, les entrepôts d'Europe, Londres, Amsterdam, Gibraltar), et qu'elles sont aussi réexpédiées au Sénégal pour sa consommation.

Ainsi, les toiles dites guinées, lors de leur réexportation des ports de France pour le Sénégal, ne sont soumises qu'à un très-faible droit de 15 cent. p. 100 fr. de leur valeur, lorsqu'elles ont été apportées directement de l'Inde en France par navire français, sans distinction d'origine; dans tout autre cas, le droit est de 5 francs par pièce.

Relativement à Bourbon,

Une ordonnance du département de la marine, de la fin de 1826, dispose :

1° Que les toiles guinées de l'Inde seront à l'avenir frappées à Bourbon d'un droit d'entrée de 20 p. 100 de leur valeur, lorsqu'elles proviendront des fabriques des établissements français, et de 30 p. 100, lorsqu'elles proviendront de *fabriques* étrangères; que, dans tous les cas, elles devront être exclusivement apportées par des navires français;

2° Que l'importation des autres tissus sera prohibée.

La modification demandée consisterait:

3

Quant au Sénégal, à établir, sur les guinées du territoire anglais de l'Inde, teintes ou non à Pondichéry, le droit de 5 francs par pièce, auquel sont déjà soumises toutes les toiles, autres que celles qu'on apporte directement de l'Inde en France par navire français; c'est-à-dire à ôter aux guinées du territoire anglais de l'Inde, venant en France par navire français et allant au Sénégal pour sa consommation, l'exemption du droit de 5 francs par pièce auquel sont assujetties les guinées étrangères : exemption dont ces guinées anglaises jouissent encore, quand elles sont apportées de l'Inde en France par navire français;

A réserver, ou plutôt à conserver aux guinées françaises, filées, tissées, teintes, soit en France soit à Pondichéry (1), la faveur bien juste et naturelle d'être seules expédiées au Sénégal sans payer de droits, faveur dont elles jouissent concurremment, et dont elles ont joui seules depuis 1706 jusqu'en 1791.

(1, Les mesures prises par l'administration de Pondichéry à l'occasion de la prime de 5 p. 100 accordée à l'exportation des toiles de coton provenant du fil de la filature, par ordonnance de 1828 et à la charge du pays, ont complètement réussi. Ces mesures consistent à frapper d'une marque le bout d'une pièce qui commence, et d'une autre marque le bout de celle qui finit : toute fraude est impossible ; le gouvernement en est convaincu par l'expérience ; il sait que cela est dû à la surveillance incessante et renouvelée des préposés des contributions indirectes, dont le service est tellement actif que les droits sur le tabac, le bétel, le sel, et même sur les noix d'arec, ne sauraient être éludés. Ces préposés, dénommés sous le nom de *Pions*, sont très-nombreux, placés à des distances très-rapprochées, et choisis dans une caste de mœurs intègres.

Tout en maintenant, en faveur de toutes guinées, les dispositions des lois qui leur permettent une libre exportation des entrepôts de France pour tous pays, soit pour le Sénégal, en payant 5 francs de droit par pièce, soit pour l'entrepôt réel de Gorée, et pour l'entrepôt flottant du Sénégal, soit enfin directement pour les côtes d'Afrique, le Brésil, l'Amérique, etc.

La modification demandée par les fabricants de guinées à Pondichéry, quant à Bourbon, consiste:

A réduire à 6 p. 100 le droit de 20 p. 100 ci-dessus mentionné, sur les guinées filées, tissées et teintes, et provenant des fabriques des établissements français dans l'Inde, tout en maintenant en entier le droit de 30 p. 100 déjà établi sur les guinées étrangères;

Et cela, en conservant encore à toutes guinées déposées dans l'entrepôt réel de Bourbon, la libre réexportation sans droits dont elles jouissent, soit pour Madagascar, soit pour la côte orientale d'Afrique, soit pour tout autre pays (1).

Ces modifications auraient un résultat important, celui d'éloigner de nos marchés les guinées anglaises d'une mauvaise qualité, véritable rebut de leur fabrication; ces guinées n'ont ni la longueur, ni la lar-

(1) Une réclamation des industries de Pondichéry, parvenue au ministère, demande que la coupable indifférence de l'administration de Pondichéry, qui accorde des certificats de francisation à des guinées complètement anglaises qui empruntent le territoire de Pondichéry pour éviter le droit de 30 p. 100 dont elles seraient frappées à Bourbon, ne soit plus tolérée au détriment des guinées françaises allant aussi à Bourbon.

geur, ni le poids, ni la teinture voulue ; elles favori-
sent la fraude en les entremêlant avec les bonnes
guinées, servent à nous décréditer auprès des Maures
et à altérer la monnaie du pays. C'est donc pour
donner une valeur positive et réelle aux guinées, et
non pour en élever le prix ou pour les prohiber dans
les belles qualités, que les industries françaises sol-
licitent un droit sur les guinées étrangères, mais
parce que ce droit atteindra les qualités inférieures
et de bas prix et plus réellement que toute autre
mesure, l'appréciation de la teinture, cependant si
essentielle, étant difficile à déterminer.

OBJECTIONS.

Les modifications ci-dessus, demandées par le
commerce français de la métropole et de l'Inde, ont
soulevé les objections suivantes :

Pour Pondichéry ,

1° La perte pour ce pays de l'industrie de teinture des toiles de coton écrues anglaises, industrie
qui est considérée par les opposants comme devant
être la principale ressource du pays;

2° La crainte de mesures de représailles de la part
du gouvernement anglais sur les matières premières,
coton, indigo, que nous tirons en partie de ses possessions pour la confection des toiles guinées.

Pour Pondichéry et la France,

3° L'impossibilité matérielle, dans laquelle se trouveraient les industries manufacturières de Pondichéry de fournir une quantité suffisante de toiles guinées pour la consommation de Bourbon et du Sénégal, même avec le secours des fabriques de Roüen ;

Pour Pondichéry, la France, le Sénégal et Bourbon,

4° La crainte de voir les fabricants de Pondichéry et de Rouen se coaliser entre eux, coalition qui pourrait s'étendre des fabricants à quelques négociants, dans le but de faire renchérir le prix des guinées, en créant ainsi un monopole toujours nuisible au commerce en général, et dans notre cas particulier, aux négociants qui se trouveraient en dehors de cette coalition, au commerce de la gomme au Sénégal et aux consommateurs de Bourbon ;

5° La crainte de voir que le droit différentiel demandé de 5 fr. par pièce, en dehors même de cette coalition, porterait les toiles guinées à un prix trop élevé; en privant ainsi la France, dans un intérêt de monopole, du commerce de la gomme au Sénégal, pour le livrer entièrement aux Anglais, qui pourraient l'exercer soit à Portendyck, soit dans la Gambie, où la concurrence anglaise donnerait aux Maures les toiles guinées à meilleur marché.

PREMIÈRE RÉPONSE.

S'il est vrai d'admettre que Pondichéry teignait autrefois une grande partie des toiles guinées que fournissait la côte de Coromandel, il n'est pas moins vrai de dire qu'avant, et surtout après la rétrocession de ce pays à la France, les Indo-Anglais n'ont cessé d'améliorer l'industrie teinturière dans leurs propres établissements.

La plus grande partie des guinées bleues, que les Anglais exportent aujourd'hui, reçoivent la teinture dans les vastes établissements de teinturerie que les Indo-Anglais ont formés à Porto-Novo et à Madras.

Si à ces faits incontestables on ajoute :

1° Que la Compagnie anglaise accorde une prime de 8 p. 100 sur les toiles bleues qui sortent des ports anglais, on comprendra facilement que les Indo-Anglais ont un grand intérêt à teindre eux-mêmes les guinées.

Et si l'on considère encore :

2° Qu'en sus de cette prime de 8 p. 100, les Anglais ont établi un droit de 8 p. 100 sur toutes les guinées qui, blanches ou teintes, entrent sur le territoire français; il est facile d'admettre que ces toiles ont intérêt à éviter le territoire de Pondichéry.

Mais quoique les avantages ci-dessus mentionnés aient déterminé peu à peu les Indo-Anglais à teindre la totalité de leurs guinées chez eux, il n'est pas moins vrai qu'encore aujourd'hui, soit esprit de routine, difficile à déraciner chez ces peuples, soit préjugé d'une meilleure teinture produite par la qualité des eaux de notre territoire, un certain nombre de guinées anglaises viennent se faire teindre à Pondichéry.

Tant que ces habitudes dureront, pourquoi les

tissus anglais cesseraient-ils de prendre cette route, puisque la position de ces toiles n'aura changé, ni par de nouveaux droits, ni par aucune autre circonstance?

Mais ce qui ne manque pas de gravité et qui cependant a passé inaperçu pendant une vingtaine d'années, c'est l'avantage de 8 à 16 p. 100 que présentent les produits indo-anglais, y compris les guinées, lorsqu'on les exporte par le port de Madras.

Aussi le commerce de France, mieux avisé, tire les indigos directement des ports anglais; et les maisons de commissions de Pondichéry se sont vues obligées d'établir des succursales à Madras et à Calcutta, où les navires français vont charger les indigos du territoire anglais.

Ces mêmes avantages devront y faire charger bientôt tous les produits de l'Indoustan anglais qui ont une prime de sortie, et parmi ceux-ci les toiles guinées dont déjà quelques chargements ont eu lieu (1).

Il est évident que le préjugé de l'excellence de la teinture à Pondichéry s'effacera de plus en plus, non-seulement par la force ordinaire des choses, mais par les bénéfices que procurent les primes et les lois anglaises.

Cet avenir menaçant pour Pondichéry ne doit-il pas

---

(1) L'*Auguste*, navire français arrivé à Bordeaux, y a apporté des guinées anglaises, filées, tissées, teintes à Madras, qu'il a chargées dans ce port anglais; ces guinées ont été réexpédiées au Sénégal, sans droit, et vendues sur ces marchés.

frapper tous les hommes qui voient la possibilité de reconquérir une partie de notre ancienne influence dans l'Inde, et leur conseiller d'y développer des industries qui puissent y vivre de leurs propres forces?

D'ailleurs n'avons-nous pas perdu, du temps de nos guerres, les industries de filage à la main et du tissage, comment la teinturerie seule pourrait-elle exister longtemps? Comment surtout, comme le voudraient nos adversaires, pourrions-nous en faire notre lot exclusif dans l'Inde, vis-à-vis de l'industrie indo-anglaise, et de la position qu'elle a su prendre pour assurer sa supériorité?

Il faut donc compléter notre industrie à Pondichéry, faire marcher de front le filage, le tissage, la teinture, et, par une protection bien entendue de la part de notre gouvernement, procurer à nos industries des moyens de subsister, en leur assurant l'approvisionnement de nos marchés, ou du moins en partie.

Il faut en même temps laisser aux guinées indo-anglaises la faculté de venir, comme avant, se teindre à Pondichéry, et s'exporter par nos navires et par notre commerce; car, remarquons-le bien, ce qui fera diminuer le nombre de ces guinées, c'est qu'elles ont à payer un droit de 8 p. 100 quand elles entrent sur notre territoire pour y prendre la teinture, et qu'elles ont encore à payer, à leur rentrée sur le territoire anglais, les 16 p. 100 qui frappent tous produits ou marchandises venant de nos établissements.

DEUXIÈME RÉPONSE.

Cette crainte de représailles n'est nullement fondée; car elle ne pourrait être effective que sur le coton. Eh bien! en supposant même que nous ne puissions nous le procurer par notre navigation indienne, si facile pendant les moussons régulières, si nous manquons de coton et d'indigo que nous importons du territoire anglais en payant 10 p. 100 de droit, rien de plus aisé que de lutter contre ces représailles, qui ne pourraient consister qu'en augmentation de droits d'entrée sur le territoire français.

Le coton croît en abondance et se procure à bas prix dans les diverses îles sur la côte d'Afrique, dans le golfe Persique, dans le royaume de Siam, dans les îles de la Sonde, dans les îles Philippines, dans l'Amérique centrale et au Pérou.

L'indigo, outre celui que Pondichéry cultive et qu'il exporte tous les ans pour la France, sous le nom d'indigo-madras, croît et se manipule, en concurrence avec l'Indoustan, dans les îles de la Sonde, dans les îles Philippines et dans l'Amérique centrale.

N'est-il pas évident qu'à défaut de notre marine française ou indo-française, nous pourrions employer celle des Indes, en dehors de la domination anglaise, telle que la navigation Arabe ou Malaise, ou celle des Danois (1) et des Américains, si abondante dans ces contrées.

(1) Le Danemarck possède le port et la ville de Trinquebar, à 63

L'Angleterre, donc, priverait en pure perte son territoire et ses finances des débouchés et des droits que l'industrie de Pondichéry lui paie exclusivement pour les facilités du voisinage.

D'ailleurs, d'après l'art. 12 du traité du 30 mai 1814, rapporté ci-devant, la Compagnie anglaise ne saurait changer les droits d'entrée et de sortie de ses produits relativement à la France, sans les élever aussi pour les autres nations, sans bouleverser ses relations commerciales.

Mais hâtons-nous d'ajouter à ces considérations d'un ordre d'intérêt général, que la Compagnie des Indes a cessé, depuis 1834, d'avoir un caractère commercial, que son action est purement administrative, que par conséquent elle a tout intérêt à développer les exportations de son territoire, donnant des revenus, et, qu'en somme, peu lui importe de les toucher, soit sur la matière première (coton et indigo), soit sur les toiles de guinées.

Les droits d'entrée sur le territoire de Pondichéry, en venant du pays anglais qui l'environne, sont de 8 à 10 p. 100 sur les matières premières, coton et indigo, de 8 p. 100 sur les toiles guinées écrues ou teintes. Or, la différence de perception sur les toiles guinées, en supposant que les Anglais pussent arrêter notre fabrication en nous privant des matières premières, et que nous fussions obligés de recevoir leurs

milles sud de Pondichéry, au centre de la production des cotons. Le pavillon danois a déjà été employé pendant la guerre avec les Anglais, ou pendant les craintes de guerre, comme en 1840.

toiles guinées écrues ou teintes pour notre commerce, ne s'élèverait pas au delà de 15,000 fr., plus value du droit de 8 p. 100 sur la valeur des toiles tissées sur le territoire anglais, au lieu des 8 p. 100 sur une valeur moindre de coton brut.

Comment donc parler de représailles devant des résultats aussi mesquins, et amenant des conséquences aussi graves que celles d'éloigner le commerce étranger de ces contrées?

Pondichéry file et tisse depuis dix ans; sa production s'élève déjà à plus de cent mille pièces; la Compagnie anglaise le sait; elle n'a jamais rien fait qui puisse autoriser les suppositions de représailles que l'on se plaît à inventer. Bien au contraire, la filature de coton a trouvé chez elle aide et protection (1).

Supposer que la Compagnie anglaise peut arrêter l'industrie à Pondichéry, en la privant de matières premières, coton et indigo, c'est supposer qu'elle pourrait nous priver aussi de l'entrée des toiles écrues et des toiles teintes, dans le but d'assurer au commerce anglais celui des guinées, et par suite, celui de la gomme au Sénégal, pour l'accaparement duquel cependant ses tentatives sont connues depuis longtemps à la côte d'Afrique.

Ces suppositions une fois admises, au lieu de subir le joug de l'industrie anglaise, ne vaudrait-il pas

(1) Lors d'une coalition formée à Pondichéry pour ne pas employer les fils de la filature, la Compagnie, pour faciliter l'écoulement des produits de cette filature, a levé, dans son territoire, les droits d'entrée des cotons filés, par mesure d'exception.

mieux encore développer l'industrie à Pondichéry, et lui conserver, ainsi qu'à celle de la métropole, la consommation de nos colonies.

L'objection à laquelle nous allons répondre, est relative à l'insuffisance de la fabrication des toiles guinées françaises à Pondichéry et à Rouen.

La moyenne de l'exportation de Pondichéry est de 200,000 pièces environ, dont 40 à 50,000 pièces pour la consommation intérieure de l'entrepôt de Bourbon, et 100 à 120,000 pièces pour les entrepôts de France et l'emploi au Sénégal, le restant pour l'exportation de Pondichéry à l'étranger.

Il faut remarquer que les modifications demandées ne portent pas sur la totalité des exportations de Pondichéry, mais seulement sur celles qui sont destinées à la consommation et à l'emploi intérieur des colonies françaises, de Bourbon et du Sénégal.

Il nous suffit donc de démontrer que Pondichéry peut filer, tisser, et teindre la quantité nécessaire à ces colonies. Or, nos adversaires nous accordent que ces établissements produisent 80,000 et même 120,000 pièces, filées, tissées et teintes sur les lieux (1).

Cette évaluation, déjà presque suffisante, peut évidemment s'accroître ; car la première filature file

(1) Déclaration de M. Joyau, délégué de Pondichéry, dans sa brochure *des Droits différentiels.*

6oo kilog. par jour ; la nouvelle 15o à 3oo kilog., sans compter la matière qui se file encore à la main : ainsi il est facile de voir qu'elles peuvent, dans l'état actuel, fournir 15o,ooo pièces de 2 à 2 1/2 kilog. chaque.

Si, à ces productions de toiles guinées, on ajoute celles que pourra nous fournir Rouen, lorsque les prix des guinées, revenus à la valeur normale, lui permettront de fabriquer, il est évident que les industries françaises peuvent fournir à tous les débouchés qui leur sont ouverts.

Rappelons encore ici que les toiles guinées indoanglaises qui de Pondichéry s'exportent pour l'étranger, soit directement, soit en passant par les entrepôts de Bourbon et de la France, conserveront, comme avant, la facilité de venir à Pondichéry, soit pour s'y faire teindre, soit toutes teintes, et d'y être exploitées par le commerce français.

Dans l'état actuel, nous avons vu qu'au Sénégal il y avait encore, au 15 août, après la traite de 1842, qui en a employé 4o,ooo pièces en obtenant toute la gomme récoltée (1), 12o,ooo pièces non vendues ; qu'il existait 15o,ooo pièces en France ou en route pour le Sénégal, depuis cette époque, et qu'il y en avait encore d'attendues de Pondichéry, ce qui forme une masse plus considérable que les emplois présumés.

Pourquoi d'ailleurs, répétons-le, les guinées de Rouen ne seraient-elles pas appelées sur le marché du Sénégal, avec la reprise des prix qu'amènerait la mo-

(1) Procès-verbaux de la commission des guinées.

dification demandée, en arrêtant l'envahissement des marchés par les guinées de consignation des Indo-Anglais; car on ne saurait admettre que les prix désastreux des guinées dans les dernières années puissent être considérées comme point de départ.

QUATRIÈME RÉPONSE.

C'est par les mots de coalition et de monopole que l'on cherche à alarmer le gouvernement et la foi publique. Mais est-il possible que des industries s'entendent à 4,000 lieues de distance, lorsqu'elles sont, comme à Pondichéry, exercées par presque toute la population, quant au tissage et la teinture, et en France mises en activité par un grand nombre de fabriques.

Tant d'intérêts particuliers, et le besoin de vendre pour renouveler la fabrication, doivent rendre de fait la coalition ou le monopole impossible.

Il est facile de comprendre, au contraire, l'effet de la concurrence des industries de France et de Pondichéry, de celle qui existe déjà entre les producteurs de cette dernière ville (1), et surtout du besoin impérieux de placer à tout prix les guinées repoussées de partout comme françaises, en concurrence à l'étranger avec une industrie plus favorisée, et ayant besoin d'une vente suivie et journalière pour continuer leur

(1) L'Indo-Français habitant Pondichéry et possédant moins de 100 roupies, soit 250 fr., se fait industriel en toile guinée.

main-d'œuvre(1).Ces motifs sérieux sont des garanties suffisantes des prix modérés et bas que leur paiera la consommation de Bourbon et du Sénégal, ouverte encore à une concurrence que les 5 francs par pièce de droit différentiel ne font qu'équilibrer.

Le monopole et la coalition ne sauraient donc exister entre les producteurs; par la même raison, ils ne sauraient exister entre des négociants.

Quant à l'accaparement par des spéculateurs, ce qui pourrait résulter des débats actuels, le fait de la publicité en déjoue toute possibilité, et donne l'éveil aux nombreux possesseurs de guinées.

CINQUIÈME RÉPONSE.

Enfin la cinquième objection consiste, dans la crainte de voir la France perdre le commerce de la gomme au Sénégal au profit de l'Angleterre, si le gouvernement accordait la protection de 5 fr. par pièce aux guinées des industries françaises, protection qui aurait pour résultat de renchérir le prix de la guinée et d'élever le taux de l'échange dans la Sénégambie.

La réponse à cette objection étant intimement liée à la valeur de la guinée, soit française, soit anglaise, voyons quel en est le prix. Rappelons que nous avons déjà vu que le prix des guinées a été pendant long-

---

(1) Nous rappelons que la filature de coton de Pondichéry ne tisse pas, qu'elle vend ses fils aux nombreux tisserands.

temps à des cours bien plus élevés que ceux des dernières années, que les prix désastreux de 1840 à
1841 (8 à 11 francs la pièce) ne sauraient être pris
pour base à l'avenir; nous avons vu qu'il était résulté
de ces bas prix une cessation momentanée dans les
envois de guinées de l'Inde. L'amélioration dans les
prix de ces tissus permettrait aujourd'hui des affaires
régulières, d'autant qu'ils sont en rapport avec ceux
de l'Angleterre, c'est-à-dire de 12 à 15 francs la pièce
en France, et de 10 à 12 shellings à Londres. Il a
été aussi remarqué que le fort approvisionnement au
Sénégal et celui des entrepôts de France dépassaient
les besoins présumés pour 1843.

Une preuve évidente que le prix de la guinée ne
saurait être de 12 francs au Sénégal, ainsi que cela
a été publié (1), c'est que des acheteurs à ces prix ont
pu aller vendre à 15 francs la pièce aux Anglais de la
Gambie et de Sierra-Leone (2) (côte d'Afrique), auxquels ces toiles revenaient plus cher en les tirant
d'Angleterre. La concurrence de leur part avec les
prix de 15 francs ne saurait donc être à craindre.

Nous venons de rappeler quel est le prix moyen
des toiles guinées; on sait déjà que le principal débouché consiste dans les échanges contre la gomme
apportée par les Maures; ces échanges, comme tant
d'autres commerces, sont soumises à des variations;

(1) Voir les Brochures de monsieur le délégué de Pondichéry.
(2) Déclaration de M. Gasconi, chef d'une des premières maisons
du Sénégal, actuellement à Paris.

c'est ainsi que l'on a pu obtenir des Maures jusqu'à
100 kilog. et même au-delà, lorsque la guinée était
rare et avait un prix élevé: depuis, l'échange avait
suivi l'abaissement de la guinée, et s'était pendant
quelques années établi de 20 à 30 kilog., suivant les circonstances. Ce n'est donc que pendant les dernières années, et par suite des consignations des Indo-Anglais,
qui ont amené au Sénégal une quantité double des
besoins, que le désordre et la concurrence ont fait livrer deux fois plus de guinées pour la même quantité
de gomme: c'est-à-dire qu'on n'a pas eu plus de 10 à
12 kilog. par pièce. Cette chute rapide dans les échanges
a causé la ruine des traitants, a fatigué les maisons qui
leur ont fait crédit au Sénégal, et a rendu tout envoi de
guinées impossible. Car le prix de la gomme de ce pays,
rendue en Europe, ne peut, en concurrence avec
celle des autres contrées qui en produisent, telles
que Maroc et la Barbarie, l'Égypte, l'Arabie et l'Inde,
être, à moins de quelques exceptions de rareté, au-
delà de 140 francs les 100 kilogrammes en entrepôt;
d'autant plus que le principal emploi des gommes,
dans les fabriques de coton, de laine et de soie, est
remplacé par des similaires, tels que la dextrine, la
fécule, etc. Cette valeur de 140 francs, dont il y a
30 francs par 100 kilo à déduire pour frais et charges
du Sénégal jusqu'à la vente en France, ne laisse
aux guinées qu'une valeur de 11 francs par pièce
avec l'échange à 10 kilo, et une valeur bien moindre
encore pour les traitants, à cause des frais et des coutumes à payer en rivière.

Mais quel est le prix des toiles guinées rendues en Afrique, que les Anglais pourraient vendre aux Maures directement à Portendick, en supposant que cet endroit présentât toutes les facilités désirables pour faire ce commerce? Ce prix serait de 12 à 14 shellings en partant du prix ci-dessus désigné de 10 à 12 shellings pour de bonne guinée. Car l'opération à Portendick comporterait des navires de 1re classe de 200 tonneaux, pour tenir la côte, sous voiles ou à l'ancre pendant assez longtemps; un 15e de charge en guinées en venant suffisant pour payer la cargaison de retour, ce faux fret augmenterait le prix de la gomme ou de la guinée, en outre des frais sur la côte et des coutumes très-élevées que les Maures exigent.

La concurrence donc que les Anglais pourraient nous faire à Portendick, devient impossible avec le prix de 15 fr. la pièce en France. Mais Portendick est bien loin d'être placé favorablement pour ce commerce : ce point est sur une côte tellement découverte, que les navires y sont continuellement en danger, et que les débarquements y sont souvent impossibles par la violence de la mer. Il y a plus, la gomme est recueillie par des nations divisées en plusieurs tribus, en guerre les unes avec les autres; ces tribus, qui traitent à des escales afférentes à chaque nation, et à de grandes distances les unes des autres sur la rive droite du fleuve le Sénégal, y descendent dès que ce fleuve rentre dans son lit après les inondations périodiques.

Or, cette circonstance climatérique offre aux

Maures qui viennent y camper avec leurs tribus entières et leur principale richesse, le bétail, des moyens de subsistances dans de fertiles pâturages, depuis la retraite du fleuve jusqu'à la crue périodique des eaux et pendant six à huit mois de l'année.

C'est pendant leur séjour sur les rives du fleuve que les Maures font la traite. Dans la première période, qui se nomme petite traite, ils reçoivent principalement du mil et du riz (1), nécessaires à leur approvisionnement de l'année, et pour pourvoir à la nourriture des esclaves qui ramassent la gomme dans les forêts (2).

Dans la seconde période, ils échangent la plus grande partie des gommes, journellement pendant plusieurs mois, par faibles quantités, rarement par fortes parties. On voit que le temps qu'ils peuvent donner à débattre la quotité de l'échange leur est favorable; ils savent en profiter, et souvent ils enterrent une partie de leurs gommes pour dissimuler la quantité qu'ils possèdent : mais cette ruse ne peut se prolonger au-delà des débordements du fleuve, et du retour des tribus au grand désert du Sahara.

On comprend combien une volonté ferme et déterminée devient nécessaire pour résister à ces manœuvres.

C'est donc à la possession du cours du fleuve le Sénégal, que nous avons à nous seuls, que nous de-

(1) Voyez les notes ci-devant.
(2) Idem.

vons de pouvoir *exclusivement* faire la traite de la gomme avec les Maures.

Il faudrait, pour que les Anglais pussent lutter contre de tels avantages, que le point de Portendick, le seul où ils ont le droit de faire la traite, ne fût pas une plage aride, et qu'il fût possible aux tribus d'y venir camper.

Loin de là, la tribu du Trazas, qui possède la forêt de Sahel située à vingt lieues est de Portendick, à vingt-cinq lieues nord-est de son escale sur le fleuve, fuit la côte désolée de Portendick, pour aller s'établir dans les pâturages du fleuve.

Les essais tentés, en 8 fois différentes depuis 1783, par les Anglais, n'ont jamais réussi, même pendant nos guerres avec la nation des Trazas, ni même pendant celle de 1820 à 1828, et celle de 1835 (1). Les tribus de cette nation ont toujours préféré charger la tribu des Darmankous d'échanger à son escale leurs gommes avec nous, que d'aller à Portendick avec la chance presque certaine d'y perdre leurs moyens de transport : d'ailleurs les princes ou chefs des tribus, qui ne reçoivent les coutumes et présents que d'après la quantité de gomme livrée aux escales, ont intérêt à obliger les marchands à les y porter toutes ; leur bénéfice est assuré, leur surveillance possible ; elle ne l'est plus à Portendick.

La concurrence que les Anglais peuvent nous

(1) Les opérations tentées à Portendick par les Anglais en 1835, furent désastreuses, ils ne purent obtenir de traiter, après un séjour de quelques mois, au delà de 25 à 30 tonneaux de gomme.

faire à Portendick est donc complètement chimérique.

Elle n'a pas plus de chances dans la Gambie, parce que le trajet des rives du fleuve le Sénégal à celles de la rivière la Gambie, ne peut avoir lieu à travers des peuplades nègres ennemies les unes des autres, rançonnant au passage, et avec les difficultés de terrain qu'offrent les forêts et les marais qui divisent le pays.

CONCLUSION.

Nous venons de jeter un coup d'œil rapide sur le commerce et la fabrication des toiles-guinées, et de l'industrie cotonnière de Pondichéry et de Rouen, en rapport avec la Métropole, le Sénégal, Bourbon et l'étranger.

Nous avons vu ce que demande cette industrie française pour vivre d'elle-même à Bourbon et au Sénégal, sans nuire à la traite de la gomme que nous faisons avec ce dernier pays, c'est-à-dire sans se créer un monopole, ni de fait, ni de droit, puisque la protection qu'elle demande ne rend pas la concurrence indo-anglaise impossible, qu'elle la conserve complète dans nos rapports avec l'étranger, par nos entrepôts de Bourbon, de France et du Sénégal.

Nous avons vu aussi que lorsque le gouvernement

en 1828 vint au secours de nos établissements de
l'Inde, et s'imposa des sacrifices pour y établir l'industrie du filage de coton à la mécanique qui fournit du travail aux tisserands franco-indiens, il avait
reconnu que ce pays retirerait de grands avantages
de cette pensée, et qu'elle pourrait, avec le temps,
étendre l'influence de Pondichéry et nos relations
d'Inde en Inde.

Cette politique commerciale était sage et éclai-
rée; elle préparait au nom français une prépondé-
rance méritée, proportionnelle aux courageux efforts
qu'il ferait pour atteindre ce noble but.

L'industrie française a triomphé : elle a su, par sa
persévérante activité et sa patience, ployer l'apathie
des Indiens à un travail régulier et continu.

La puissance de la mécanique est implantée sur le
sol de Pondichéry ; elle peut élever ce pays et le commerce de ce port à un rang distingué, et accroître le
nombre et la force de notre marine marchande dans
ces mers.

Pondichéry, par ses seules ressources, par le travail à la main des Indiens, est un point insignifiant,
vis-à-vis des immenses possessions anglaises ; Pondichéry, manufacturier à la mécanique, décuple et cen-
tuple ses forces, devient un entrepôt d'exportation
et d'importation pour le commerce d'Inde en Inde et
de nos colonies ; Pondichéry est grand et prospère.

Cette colonie ne prend-elle pas une nouvelle importance par les nouveaux rapports commerciaux

que les puissances maritimes d'Europe, d'Amérique et de l'Inde s'ouvriront avec la Chine, et auxquels ces puissances seront appelées dans ces vastes contrées pour contrebalancer les forces anglaises?

Sachons profiter de cette circonstance, voyons dans l'avenir, faisons de Pondichéry un lien commercial entre Paris et les deux capitales du Céleste-Empire.

Or, pour atteindre ce degré d'importance, Pondichéry et les autres points ont une belle position dans le golfe du Bengale; quant à Pondichéry, son port franc, son industrie mécanique, sauront développer cette importance et trouver, en outre de ses cultures suffisantes, des matières premières à bon marché propres à alimenter notre industrie.

Cette dernière condition devient de plus en plus réalisable malgré les droits de 16 p. 100 établis sur notre cabotage dans les possessions indo-anglaises, et que la Compagnie avait mis en 1819 dans le but d'empêcher l'effet et le but des lois de 1818 et de 1822.

Le développement de notre commerce d'Inde en Inde, appuyé par le commerce de nos ports francs et surtout par celui de Pondichéry, n'est point une chimère; il a existé pour nous du temps de la compagnie des Indes Orientales françaises. Il aurait déjà une grande importance si l'administration générale de Pondichéry, Mahé, Chandernagor, etc., eût interprété dans une vue d'avenir les lois de 1818 et 1822, si favorables à nos colonies dans l'Inde lois cependant créées pour amener infailliblement un aussi bon résultat.

Mais ces administrateurs, en assimilant les provenances des ports voisins anglais de Madras et de Calcutta, venant à Pondichéry, aux marchandises qui auraient dû sortir de nos ports, brisèrent de leurs propres mains le lien protecteur de la métropole avec ses colonies.

Le petit commerce de cabotage de nos possessions dans l'Inde avec les autres peuples non soumis à la domination anglaise, n'offrit plus dès lors aucun avantage ; la part de bénéfice que Pondichéry aurait pu faire sur les 25 à 40 ponr 100 que les lois de 1818 et 1822, offraient à notre commerce indien à l'entrée dans la métropole, devint nulle par le fait.

Pondichéry, qui aurait dû sa grandeur à cette juste protection, tomba de plus en plus, après le retrait, par la loi du 17 mai 1826, des priviléges concédés par celles de 1818 et 1822, jusqu'en 1828, où nous avons vu que la métropole fit des efforts pour y implanter l'industrie, en compensation de la perte du commerce d'entrepôt et de cabotage que l'impéritie des administrateurs de Pondichéry ne sut pas ranimer avec ce moyen si puissant d'un droit différentiel de 25 à 40 pour 100.

N'est-il pas évident que Pondichéry aurait joui en même temps de ces deux avantages ? car l'un est le complément de l'autre : l'un procure la matière première, l'autre donne la matière fabriquée ; ou du moins possède le premier avant d'établir le second.

Si l'inverse a eu lieu, qu'y a-t-il donc d'extraordinaire que l'industrie mécanique de Pondichéry réclame la protection, la réintégration des avantages des lois de 1818 et 1822, ou une position équilibrée avec les avantages des fabricants indo-anglais ?

La logique, les dures leçons de l'expérience ne déposent-ils pas en faveur de cette concession pleine et entière. Mais Pondichéry sent tout ce qu'il doit à la métropole : depuis 1828 Pondichéry a grandi ; Pondichéry ne demande plus à la métropole qu'une partie de cette protection ; il demande que ses toiles guinées soient reçues à Bourbon et au Sénégal, et pour la seule consommation des deux pays, avec l'avantage d'un droit différentiel.

Ce droit différentiel de 5 fr. par pièce de guinées, ne serait en réalité que la compensation des 40 p. 100 de l'industrie indo-anglaise, que celle de Pondichéry ne demande pas à prohiber dans les mêmes débouchés.

Nous espérons avoir répondu d'une manière satisfaisante, aux objections présentées par les partisans de l'industrie étrangère, qui veulent réduire l'industrie de Pondichéry à teindre les tissus écrus anglais, qu'ils osent, dans ce cas, vouloir faire considérer comme matière première, à l'encontre de tous précédents.

Nous avons prouvé que la Compagnie anglaise ne s'inquiétait pas de notre industrie, ou du moins que, depuis dix ans qu'elle fonctionne, qu'elle remplace déjà plus de la moitié des tissus pris jadis sur son territoire, elle n'a manifesté aucune disposition hostile; loin de là, elle a aidé cette industrie de filature pour résister aux intrigues des opposants.

Ce qui rationnellement fait présumer qu'elle comprend que les relations de l'Angleterre et de la France dans l'Indoustan, réglées avec toute liberté intérieure d'action pour chaque puissance, ne sont en aucune manière atteintes par l'établissement d'industries qui ont leur écoulement à l'intérieur étranger, et, dans les colonies de chacune d'elles, où des mesures locales sont aussi tout-à-fait dans le droit des gens.

Ainsi la Compagnie anglaise ne s'est pas formalisée lorsqu'on a frappé les guinées de son territoire de 10 p. 100 de plus à leur entrée à Bourbon, que celles de Pondichéry; de même qu'elle ne nous a pas consulté pour prohiber dernièrement les nôtres à Ceylan, ni pour permettre l'introduction à 6 p. 100 *ad valorem* seulement, des guinées françaises de Pondichéry à Maurice, parce qu'elle a reconnu cette introduction de nos belles guinées, et surtout les filatures, nécessaires à la consommation anglaise de cette colonie.

Si en 1819 la Compagnie anglaise a mis un droit de 16 p. 100 sur toutes marchandises entrant sur son territoire ou en sortant par ses ports et par navire français, pour aller ou venir dans les nôtres dans l'Indoustan, c'est qu'elle a voulu empêcher le cabotage français dans ses possessions, qu'elle a voulu paralyser les mesures du gouvernement français de

1818, qui tendaient à créer des dépôts de marchandises dans nos établissements, au détriment de ses
marchés. En cela, elle a agi dans son droit et pour sa
propre conservation. Le traité de 1826, à cause de
sa charte particulière, n'a pu venir déranger cette
combinaison, et nous accorder le système de réci-
procité qu'il établit ailleurs ; mais pour les droits
d'entrée et de sortie que paie notre commerce pour
les importations et les exportations, par nos navires,
de tous les ports anglais de l'Indoustan, ils sont les
mêmes que ceux auxquels sont assujetties les autres
nations ; et la Compagnie ne peut rien y changer,
d'après l'art. 12 de ce traité du 30 mai 1814.

Ainsi, on voit que l'Angleterre n'irait pas toucher
à des droits généraux d'exportation, pour nuire à l'industrie intérieure de Pondichéry, et priver le territoire
anglais des droits que cette industrie lui paie sur les
matières premières par préférence de voisinage, alors
qu'elle pourrait se les procurer ailleurs par une navigation à bas prix, dans le cas d'insuffisance de production dans le pays français.

Quelles seront les toiles guinées qui, à leur expé-
dition de France à la destination du Sénégal, seront
exemptes du droit de cinq francs par pièce, que
paient ou doivent payer les guinées étrangères ? Ce
sera-t-il encore toutes les guinées importées des Indes par navire français, sans distinction d'origine, y
compris les guinées anglaises filées, tissées et teintes
dans le territoire de la Compagnie, ou les guinées
filées et tissées dans le territoire anglais, et teintes à

Pondichéry ; ou seulement, ainsi qu'on le réclame avec équité, les guinées des industries françaises, fabriquées soit en France, soit dans les établissements français dans l'Inde, où elles sont filées, tissées et teintes par des populations françaises, quant à Pondichéry, libres et régies par des administrations françaises et les cinq codes, ainsi qu'un département français.

Telle est la question que le ministre de la marine et des colonies, et le ministre du commerce, ont à décider à la suite de la question des gommes et de la traite au Sénégal.

En fait, Pondichéry est un pays français.

Les tissus de ce pays, et parmi eux les toiles de coton dites guinées, sont considérés partout, à l'exception de la France, comme tissus français.

Comme tels, ils sont prohibés à Ceylan, colonie anglaise, aux îles de la Sonde, colonies hollandaises, et ailleurs.

Comme tels, ils sont admis dans plusieurs autres pays, en payant des droits plus ou moins forts. A Bourbon, colonie française, ils paient un droit de 20 p. 100 de la valeur ; en France, pour la consommation de la colonie française du Sénégal, ils sont assimilés, avec les tissus de la métropole, aux tissus étrangers venant de l'Inde par navire français. A Pondichéry, ils sont assimilés aussi aux tissus étrangers, soit écrus et teints dans le pays, soit entièrement filés, tissés et teints dans le territoire anglais.

Ainsi, dans l'état actuel, que l'on voudrait continuer, les tissus anglais qui sont dans de meilleures conditions que les nôtres ont déjà arrêté cette industrie en France; à Pondichéry, elle finira par succomber. L'Angleterre devenant seule en possession de la fabrication des guinées, s'emparera quand elle voudra du commerce de la gomme, et elle n'aura, puisqu'on en admet la faculté, qu'à élever les droits que paient à la sortie ses guinées entrant sur le territoire français, pour réserver ce commerce à ses nationaux et obliger les Maures, auxquels on sait qu'elles sont indispensables, à venir à Portendick.

Dans cette situation :

Les industries françaises de Pondichéry et de la Métropole réclament, non une prohibition, mais une protection équitable pour égaliser leur situation avec celle de l'industrie étrangère, placée dans de meilleures conditions locales, conditions qui tendent à anéantir l'existence des fabriques, par l'intermédiaire du commerce français.

Elles réclament cette protection, avec la certitude de remplir les besoins du commerce français, dans les colonies de Bourbon et du Sénégal, à des prix modérés, qui ne sauraient nuire à leur consommation intérieure, et avec la certitude aussi d'être utiles à Pondichéry, à son commerce, et à celui de la France ; elles la réclament, non pour élever le prix des guinées de la quotité du droit différentiel, mais pour opposer une barrière à l'envahissement des

guinées ou *tissus anglais*, et écarter surtout les es-
pèces inférieures et fraudées, que cet impôt attein-
drait spécialement.

Elles se présentent, appuyées par le commerce
français de Pondichéry, par la colonie du Sénégal,
représentée par monsieur le délégué du Sénégal, par
la majorité du commerce français de cette colonie et
de la métropole, par l'industrie de France et surtout
par l'industrie rouennaise.

Les industries de filage, de tissage à la main ou
à la mécanique de Pondichéry, créées par l'initiative du gouvernement, dans un pays français,
autrefois industriel, mais qui avait succombé sous la
puissance anglaise, ont besoin d'une protection natio-
nale sous la foi de laquelle elles se sont établies. Cette
protection est indispensable, leurs ressources sont à
bout, leur ruine est infaillible, elles le déclarent
hautement.

Elles pensent encore qu'elles ne seront pas forcées
d'émigrer sur le sol étranger, où plus de protection
les appelle, et de venir réclamer une indemnité,
pour douze ans de travaux et pour les pertes éprou-
vées. Elles doivent espérer que les délais demandés
par le délégué de Pondichéry, faute de bonnes raisons, seront écartés, et qu'enfin les sollicitations
commencées, il y a deux ans, seront accueillies et
résolues.

En droit, d'après les motifs ci-dessus établis et les
ordonnances qui lient le gouvernement, quant à

Pondichéry, les industries françaises ne veulent ni faveur, ni privilége, elles attendent avec confiance une solution prompte, favorable, telle qu'elle doit résulter du droit et de l'équité.

J.-P. DUCHON-DORIS Junior.

Au nom et comme principal intéressé dans la filature de coton à la mécanique établie à Pondichéry.

Paris, 9 décembre 1842.

Subsidiairement, en admettant que le gouvernement crût nécessaire, dans l'intérêt de la teinturerie de Pondichéry, de continuer à accorder une faveur aux toiles guinées blanches ou écrues, indo-anglaises, qui viennent dans le territoire français pour s'y faire teindre, et ce moyennant un droit moins fort que celui de cinq francs par pièce, qui frapperait les guinées entièrement filées, tissées et teintes sur le territoire anglais ; dans ce cas, l'industrie française de Pondichéry, tout en subissant forcément cette condition, plutôt que de voir retarder la protection équitable d'équilibre qu'elle réclame depuis si longtemps, fait observer que le droit imposé sur les toiles guinées étrangères, tissus anglais, teintes à Pondichéry, colonie française, et allant de France au Sénégal inclu-

sivement, ne saurait être moindre de deux francs cin-
quante centimes par pièce, à moins de rendre la
protection illusoire. Il vaudrait mieux finir en refu-
sant toute protection.

Nous avons dit dans la préface que M. le délégué
des établissements français dans l'Inde avait produit dans les brochures qu'il a publiées quantité de
faits dont l'inexactitude a déjà été reconnue et sur
lesquels cependant il établissait la plus grande partie
de ses argumentations. Toutefois il convient de réfu-
ter encore quelques-uns de ceux avancés si légère-
ment et sans preuve aucune, qu'il n'a pu espérer éga-
rer que les personnes étrangères à ces questions.

Ainsi, M. le délégué affirme, sur sa simple asser-
tion, il est vrai, que la *vileté* du prix de la main-
d'œuvre dans l'Inde, rend le filage du coton à la
main meilleur marché que celui à la mécanique, *et
qu'il a tué et tuera toujours tout filage à la mécanique.*
N'est-il pas évident, au contraire, qu'en profitant du
bas prix de cette main-d'œuvre, qui entre pour beau-
coup dans une filature de coton, pour y joindre l'a-
vantage incontestable des machines, on a une supériorité marquée, alors, surtout, que le combustible
nécessaire pour faire fonctionner ces machines est
abondant, et à prix plus modéré qu'en Europe.
C'est avec cette situation que la filature a pu soute-
nir depuis douze ans, en butte à toutes les contra-

riétés, à toutes les intrigues, à la concurrence de l'industrie anglaise, plus favorisée par d'autres causes que le bas prix de la main-d'œuvre. Mais c'est depuis et par les consignations exagérées des Indo-Anglais, et l'envoi en France de guinées défectueuses, qu'elle souffre ainsi que le tissage de Pondichéry, qui emploie ses fils.

Ne touchez pas à la situation actuelle, s'écrie M. le délégué de Pondichéry dans tous ses écrits, *noli tangere, craignez les représailles de l'Angleterre,* périsse plutôt la filature: l'industrie de teinturerie suffit à Pondichéry. A qui sérieusement veut-on dire qu'un pays qui peut jouir de la fabrication complète d'une marchandise, qui peut employer sa population au filage, au tissage, à la teinturerie, puisse devenir plus prospère en supprimant les deux premiers travaux, pour être réduit à un seul, la teinturerie sur la même quantité de tissus, qu'il aurait plus d'avantage à recevoir tout confectionnés de l'étranger ; et, ce qui est plus fort, que la teinture appliquée à ces tissus, les nationaliserait, de manière à devenir, non-seulement égaux, mais plus utile à ce pays ; en vérité, il ne saurait y avoir que des gens payés pour le dire, Rationnellement, en fait, il ne s'agit pas d'un intérêt de filature à la mécanique *que l'on veut détruire,* mais de l'intérêt du pays tout entier, du filage à la mécanique ou à la main, du tissage, par sa population, de travaux complets que l'industrie étrangère, dans de meilleures conditions, arrêtera et détruira complètement; d'industries utiles, qu'il s'agit seulement

5

d'équilibrer, sans prohibition, pour conserver à ce pays toutes ses ressources, et l'affranchir, au besoin, de la dépendance étrangère.

Vouloir effrayer de la crainte de représailles de la part de l'Angleterre, c'est mal comprendre son époque!... On a vu d'ailleurs qu'il ne s'agissait que de suppositions sans le moindre fondement.

Chercher à surprendre la créance publique à l'aide des mots de monopole, monopoleurs, privilége, coalition, ne saurait réussir, on le sait bien, qu'auprès de ceux qui se laisseraient impressionner sans s'occuper de la situation : faute de pouvoir rationnellement établir l'attaque, on veut embrouiller les choses, retarder la solution réclamée depuis deux ans; on crie à la faveur alors que l'on sait que les droits que les industries réclament sont tellement certains et positifs que méconnus le gouvernement devrait des indemnités. Un conseil général, on le sait bien aussi, ne représente pas toujours l'opinion des populations, alors surtout qu'il émane, comme à Pondichéry, de notables choisis par le gouverneur, qui nomment un conseil d'un conseil composé de sept fonctionnaires publics, de deux négociants et d'un seul indigène représentant 90,000 habitants. On ne saurait ignorer la pétition adressée à cet égard par la population indo-française, qui réclame une représentation effective et non un vain simulacre. Le directeur de la deuxième filature, dont on cite l'acquiescement aux délibérations du comité contre l'industrie du pays, a été, pour ce fait, remplacé par les actionnaires.

Mais, ce qui est plus grave, c'est de se permettre de
désigner au public, sans preuve, des abus d'administration, de décrier des actions, des actionnaires, alors
qu'il n'y a pas d'actions à vendre, des actionnaires
qui aient à rendre compte à qui que cela soit, de blâ-
mer une direction, de l'accuser de ruiner les intéressés, alors que ces intéressés reconnaissent n'avoir que
des louanges à lui donner, que des économies à
approuver, de même qu'une gestion, dont le résultat a
été, de fait, de résister aux intrigues ourdies depuis
douze ans. C'est dépasser toutes les bornes, c'est en-
courir le blâme.

Le climat de Pondichéry est un des plus sains de
l'Inde: vouloir le faire considérer comme destruc-
teur de l'industrie mécanique, c'est en vérité se mo-
quer du public et tout inventer pour nuire.

Relativement aux personnalités, cette forme rentre
dans le libelle, et ne saurait convenir aux gens qui se
respectent.

———————

N° 31. Ordonnance, en date du 26 octobre 1826, portant qu'il
sera accordé à Pondichéry, des primes à diverses cultures coloniales.

Au nom du Roi, — Nous, Eugène Panon, vicomte des Bassayns de
Richemont, etc., administrateur général des Établissements français
dans l'Inde ;

Vu les dépêches de S. E. le Ministre de la Marine et des Colonies,
en date du 15 avril 1823, qui autorisent l'administration de l'Inde à
accorder aux cultures, dites coloniales, des immunités et des encouragements *de toute nature*, etc., avons ordonné et ordonnons :

Art. 1er. La culture des indigofères, de la canne à sucre, et l'exportation de leurs produits, la plantation du mûrier et la fabrication de la soie, la culture du cotonnier, seront encouragés à Pondichéry par des primes, etc.

N° 91. Ordonnance qui accorde des primes à l'industrie et à l'agriculture coloniale, coton, indigo, etc., pour l'année 1828, en date du 23 octobre 1827.

N° 2. Ordonnance qui accorde divers encouragements à la filature, au tissage et à la teinture du coton.

Au nom du Roi. — Nous, Eugène Panon, vicomte Desbassayns de Richemont, etc.

Vu les mesures *déjà prises* par S. E. le Ministre de la Marine et des Colonies, pour le perfectionnement du tissage et de la teinture des toiles de coton à Pondichéry ;

Considérant que la substitution des métiers, machines et mécaniques employés en Europe, à ceux dont se servent les Indiens, est le moyen le plus sûr de parvenir à ce but ;

Considérant d'un autre côté que la création de grandes fabriques à l'instar de celles qui existent en France, pour la filature et le tissage, serait, pour l'industrie et le commerce des établissements français dans l'Inde, de la plus haute importance, sans nuire en aucune manière aux intérêts de la métropole ;

Après en avoir délibéré en conseil de gouvernement et d'administration, et sauf l'approbation de Sa Majesté, avons ordonné et ordonnons....

Suivent diverses immunités, primes d'introduction aux métiers, machines et mécaniques pour la filature, tissage et teinture du coton, dans les années 1828 et 1829, primes et redevances , appel de tisserands sur le territoire de Pondichéry, avances de fonds, concession de terrain et matériaux, transports gratuits sur navire de l'état des machines et ouvriers venant de France, cessions des machines commandées en France aux intéressés dans la filature actuelle, et autres promesses, qui ont donné lieu encore à d'autres ordonnances, toutes approuvées par S. M. le Roi des Français, sur la proposition du Ministre de la Marine et des Colonies.

RELEVÉ DU COMMERCE ENTRE LA FRANCE ET LE SÉNÉGAL
(D'après les tableaux de l'Administration des Douanes).

ANNÉES.	IMPORTATIONS DU SÉNÉGAL EN FRANCE.		EXPORTATIONS DE FRANCE POUR LE SÉNÉG.		GOMMES			GUINÉES		RÉGIME EN VIGUEUR AU SÉNÉGAL Pour la traite des Gommes.
	Commerce général.	Commerce spécial.	Commerce général.	Commerce spécial.	IMPORTÉES du Sénégal en France.	EXPORTÉES du Sénégal à l'Étranger.	TOTAL des Gommes sorties du Sénégal.	EXPORTÉES de France pour le Sénégal.	RESTANT dans les Entrepôts de France.	
	francs.	francs.	francs.	francs.	kilogrammes.	kilogrammes.	kilogrammes.	pièces.	pièces.	
1818	»	619,502	»	2,550,788	220,296	De 1818 à 1824, on ne peut indiquer ici que les chiffres du commerce spécial, et par conséquent les quantités de gommes mises en consommation en France; à partir de 1825, les chiffres indiquent toutes les quantités importées chaque année. Les exportations directes des gommes du Sénégal à l'étranger n'ont commencé qu'en 1832.		»	»	Libre concurrence.
1819	»	635,714	»	1,842,001	318,415			»	»	Idem.
1820	»	611,870	»	1,624,458	255,923			»	»	Idem.
1821	»	506,954	»	1,593,575	221,076			»	»	Idem.
1822	»	1,072,285	»	866,361	518,352			»	»	Idem.
1823	»	735,007	»	1,734,880	346,650			»	»	Idem.
1824	»	1,384,325	»	2,293,689	618,766			»	»	Idem.
1825	1,547,858	1,165,100	3,948,118	3,107,591	748,416	»	748,416	31,664	30,688	Idem.
1826	1,861,434	1,119,885	4,065,197	2,281,800	1,080,083	»	1,080,083	58,995	40,142	Idem.
1827	2,212,218	1,541,123	4,717,420	3,579,318	1,098,065	»	1,098,065	30,322	14,803	Idem.
1828	3,448,115	1,344,217	3,972,711	2,415,074	1,782,788	»	1,782,788	55,738	28,302	Idem.
1829	2,465,166	1,433,814	4,551,041	2,637,751	1,388,088	»	1,388,088	62,436	11,535	Idem.
1830	3,070,758	1,564,411	4,121,075	2,271,730	1,711,960	»	1,711,960	76,807	46,412	Idem.
1831	3,313,837	1,475,296	3,093,815	1,528,911	1,975,615	»	1,975,615	66,005	63,584	Idem.
1832	2,595,528	2,025,755	2,502,955	2,203,151	1,268,089	525,856	1,793,945	48,129	30,964	Idem.
1833	2,139,408	1,795,876	3,798,320	2,202,465	748,083	347,648	1,095,731	43,698	11,866	Compromis.
4834	2,440,265	1,904,292	5,275,747	2,580,122	554,484	341,278	895,762	87,045	25,504	Association privilégiée.
1835	3,088,650	2,482,517	4,607,220	2,565,346	1,572,657	51,895	1,624,552	73,719	15,514	Association sans privilége.
1836	2,890,771	2,154,751	6,123,166	2,963,493	1,640,210	150,882	1,790,689	119,593	40,877	Libre concurrence.
1837	4,119,408	2,095,210	7,954,582	5,059,695	2,457,170	418,539	2,875,709	138,221	33,382	Compromis.
1838	5,311,409	3,086,912	11,805,604	5,428,557	3,384,953	928,658	4,214,711	239,943	46,951	Libre concurrence.
1839	5,008,628	1,868,795	8,596,451	5,334,030	2,821,548	1,042,617	3,864,265	138,090	176,921	Compromis.
1840	4,354,562	2,847,589	7,478,350	4,837,835	2,482,759	490,498	2,973,257	109,614	171,028	Libre concurrence.
1841	3,721,300	3,111,102	6,292,526	3,573,692	1,778,460	333,909	2,112,369	96,456	157,978	Compromis.
1842	»	»	»	»	»	»	»	»	»	Association privilégiée.

www.ingramcontent.com/pod-product-compliance
Lightning Source LLC
Chambersburg PA
CBHW071249200326
41521CB00009B/1691